KB063466

다문화 시대,
공존의 교실

다 함께 꽃피는 미래학교입니다

다문화
시대,

공존의
교실

이승희 지음

다함께 꽃피는 미래학교입니다

에듀니티

차 례

미래학교입니다.

2020년, 다문화 학생 비율이 과반수인 학교에 근무하게 되었다. 그해, 코로나 팬데믹으로 인해 4월이 되어서야 온라인 개학을 했다. 교실에는 덩그러니 나 혼자였다. 원격수업을 위해 교사들은 교실 안에서 고군분투했다. 대면 수업을 손꼽아 기다렸다. 5월이 지나서 격주로 진행된 대면 수업 첫날, 아이들을 둘러보며 만감이 교차했다. 시리아, 러시아, 우즈베키스탄 등 국적이 다른 외국인 아이들이 교실 곳곳에서 나를 바라보고 있었다!

전에 있던 학교에서는 매해 교사가 학생들에게 다문화 이해 교육을 실시했다. 나 또한 교원 대상 다문화 교육 연수에 참여해 왔다. 하지만 내가 마주한 현실은 너무나 새로웠다. 낯선 세상에 내던져진 듯했다. 내가 알고 있던 다문화 교육은 무엇이었나. 내가 이제껏 만나본 다문화 학생은 '결혼 이민 여성과 한국 남성의 결혼으로 생겨난 가정'의 자녀

뿐이었다.[1] 나는 나 자신의 경험을 뛰어넘지 못하고 있었던 것이다.

학교에서의 생활이 체화되는 데에는 많은 시간이 필요했다. 코로나 팬데믹과 학교 및 교실 문화의 충격 속에서 긴 시간 허우적대고 있을 때다. 오랫동안 한국어 학급[2] 교사로 근무하셨던 선생님의 송별회가 있었다. 선생님은 학교를 떠나며 동료 교사들에게 진심 어린 당부를 전했다.

"학생, 학부모 모두 각자의 사연을 품고 한국 땅에 와서 적응하고 살아내느라 고군분투 중이에요. 문화가 다르고 소통 언어와 생활 방식이 달라 어려움이 많습니다. 하지만 언어가 안 되면 비언어적인 방법으로 어떻게든 대화하려고 애써 보면 됩니다. 부딪쳐 보면 됩니다. 다 통하게 되어 있어요. 모두 다 똑같은 사람입니다. 우리 학교는 미래학교입니다. 미래학교를 우리가 먼저 경험하고 있다고 생각하시면 됩니다. 선생님, 학교 현장의 어려움도 많으시겠지

---

1) 교육부의 다문화학생 유형 분류에 따르면 크게 '국제 결혼 가정'의 자녀와 '외국인 가정'의 자녀로 나누고 있음. (교육부, 2023년 다문화교육 지원계획, 2023.2.)

2) 한국어 학급: 2006년부터 시작되었는데 한국어 능력이 부족한 중도입국학생이나 외국인 학생 등에 대해 한국어와 한국 문화를 집중 교육시키는 다문화학생 대상 특별 학급임. 1일 2시간 정도 운영하며 학생에 따라 길어도 4학기(2년) 이내로 운영되고 있음. 2022년 현재 전국에 444개 학급이 운영중이며, 교육부 계획에 의하면 2023년에는 527학급은 운영할 것임.

만, 곧 다가올 미래학교에 근무하고 있다고 생각하시며 자부심을 가지세요."

한국어 학급 선생님께서 말씀하신 '미래학교'라는 단어에 머리를 한 대 얻어맞은 듯 띵했다. '나는 미래학교에 근무하는 교사'라는 자부심을 품고 아이들과 함께하고 있었던가? 해마다 얼른 이 힘든 학교를 벗어나 소위 말하는 학군이 좋고 가정 돌봄이 잘 되는, 편하다는 학교에 갈 생각만 하진 않았던가?

나는 3년간 우리 학교에서 근무하며 문제로 인식되지 않고 일상화되던 낙인과 소외, 타자화 등을 제대로 바라보게 되었다. 부족했던 인권 감수성을 점검하는 계기가 되었다. 현재도 이질적인 타인에 대한 열린 마음과 연대 공존하는 방법을 배우고자 노력하고 있다. '교사는 평생 학습자'라는 말을 이 학교에 오면서 절감한다. '셀프 임파워먼트Self Impowerment'를 가지고 내부에서부터 일어나는 자발적 에너지를 끌어올려 본다. 곧 다가올 미래학교의 선(先) 경험자라는 자부심으로 생활하고자 한다.

이 기록은 다문화 학생 비율이 매해 높아져, 현재 약 55%가 된 학교에서 근무하는 교사의 교단 일기이자, 낯선 세계의 모습을 타자화하지 않고 온전히 바라보려고 노력하는 한 개인의 성장 일기이다. 나아가 이 기록은 곧 도래할 미래학교의 모습이며, 다르지만 다르지 않은 교실 속 아이들의 이야기다. 다문화 사회에서 점점 보편화될 다문화 학교의 운영을 위해 현재 다문화교육 연구학교가 어떤 노력을 하고 있는지, 어떤 지원이 더 필요한지 조금이나마 고민해 보았다. 모든 아이가 주인공이다. 다만 이 책에서는 다문화 학생들의 이야기를 주로 다루었다.

1장은 다문화 학생 비율이 과반수, 특히 외국인 학생[3] 비율이 높은 공립학교에 근무하는 교사로서 경험한 낯선 세계를 담았다. 2장은 교실 속 아이들 개개인이 자신의 환경이나 편견에 부딪히며 성장하는 모습을 관찰하여 기록했다. 3장은 담임 교사와 아이들이 자기 안에 머무르지 않고 도전하는 이야기를 그렸다. 4장은 교실 속 또래들과의 관계를 통해 성장하는 아이들의 모습을 기록했다. 5장은 다문화 사회의 미래학교가 나아갈 방향에 대해 고민해 보았다.

"교육은 한 번의 찬란한 개혁으로 완성되지 않는다. 매우

---

[3] 교육부의 다문화학생 유형 분류에 따르면 '국제 결혼 가정' 자녀와 '외국인 가정' 자녀가 있는데 이 중에 외국인 학생은 '외국인 가정' 자녀를 말함. 이들은 외국인 사이에서 태어난 자녀들(한국계 중국인, 중앙아시아 고려인, 시리아 난민 등 포함)임.

지속적이고, 점진적이며, 중장기적으로 이루어져야 한다.
점점 물들여가면서 변화가 도모되는 것이다. 우리는 지금
우직하게 씨앗을 뿌리고 있다." 『교육자를 위한 다문화교육과 세계
시민교육 방법론』중

반복되는 일상의 노력으로 미래학교를 만들어 간다.

1장.

낯선 세계로의

초대

커피 우유 한 잔의 환대

2020년은 낯선 경험의 연속이었다. 남편을 따라 타지에서 전근해 온 뒤 첫 학교. 학교 이야기를 귀동냥으로 전해 들었을 땐 감이 잡히지 않았다. 학생 명단을 받고 영어로 적힌 외국인 아이들의 이름과 비고란에 적힌 국적을 확인했다. 아찔했다. 한 공간에서 카자흐스탄, 우즈베키스탄, 러시아, 시리아인들과 대면해 본 적이 없었기 때문이다. 그뿐만 아니었다. 코로나로 인해 교육 현장에 사상 초유의 사태가 발생했다. 아이들은 학교에 나오지 못했다. 학사 일정이 어그러지면서 4월이 되어서야 온라인으로 개학을 했다. 아이들은 가정에서 원격으로 수업을 들었다. 컴퓨터나 패드, 휴대전화를 활용한 수업이 많아 원격수업 지원시스템 활용에 학생의 적극적인 참여가 필요했다. 가정 돌봄 정도에 따라 학습 격차가 심해질 수밖에 없었다. 외국인 학생이 많은 우리 학교에서는 출석 확인조차 어려울 때도 있었다. 낯선 시스템과 상황에 적응하느라 나도 고군분투했다.

3월, 아직 온라인 개학도 하지 못했을 때, 부모님과 아이들에게 학사 일정 및 수업 방향을 수시로 안내했다. 우리 반은 카카오톡과 네이버 밴드를 통해 일상적인 소통을 하고 학습 안내를 받기로 정했다. 쌍방향 원격수업을 위한 프로그램 및 콘텐츠 제공 수업 시 활용할 누리집 활용 방법을 제시했다.

"선생님, 모르겠어요. 우리 집 와요."

3월 중순이 되었지만, 아직 개학을 못해 아이들을 만나지 못한 상황이었다. 이름만 알고 통화도 잘되지 않던 하킴에게 전화가 왔다. 하킴은 시리아인으로 짙은 속눈썹에 깊은 눈, 기품이 흘러넘치는 남학생이다. 대면 수업을 했다면 지각을 하더라도 학교에 와서 친구들의 도움을 받으며 수업에 참여했을 아이다. 하지만 원격수업은 한국어가 서툴고 카카오톡조차 즐겨 사용하지 않는 하킴에겐 여러모로 어려웠을 것이다.

온라인 개학을 하기 전, 하킴의 집에 방문했다. 하킴의 휴대전화에 학급 밴드, 쌍방향 원격수업에 필요한 프로그램을 설치해주고 사용 방법을 보여주기 위해서였다. 내비게이션을 찍고 하킴이 사는 빌라촌에 들어섰다. 학교에서 제법 먼 거리다. 이렇게 먼 곳에서 몇 년간 버스를 타거나 걸어서 통학했을 거라고 생각하니 안쓰럽기도 하면서 대견했다.

문 앞, 초인종을 눌렀다. 하킴과 하킴의 어머니께서 나를 반겨 주셨다. 20대 후반의 젊은 어머니는 아름답고 우아했다. 현재 26세. 아이를 넷이나 낳으셨지만 아이 셋이 내전과 사고로 줄줄이 죽었다. 하킴의 아버지는 시리아에선 귀족 출신으로 고학력에 재력도 있었다고 한다. 그 모든 것을 버리고 '난민'의 삶을 택해 한국에서 살아가고 계셨다. 어머니 또한 좋은 집안의 내력을 가지고 계셨는데 그건 정돈된 집의 모습, 예를 갖추는 품격있는 태도에서 고스란히 드러났다. 하킴도 그런 어머니를 닮은 듯했다. 공간도 사람을 닮는다는 걸 하킴의 집을 보며 느꼈다. 방 두 개에 화장실 하나, 부엌 겸 거실, 작은 베란다가 전부인 공간이었지만 단정하면서도 이색적이었다. 깔끔히 정돈된 내부와 히잡을 쓴 채 기품있는 자세를 유지하시는 어머니는 목소리마저 다정했다. 기대 이상이었다. 나는 이곳에 오면서 어떤 모습의 집과 어떤 태도의 사람들을 상상했던 걸까?

하킴의 방은 침대 하나와 텔레비전 모니터, 플레이스테이션 도구들이 전부였다. 어머니의 손길이 담겨 특유의 분위기를 자아내는 커튼과 작은 장신구들, 잔잔한 배경 음악과 조명이 카페처럼 따뜻한 분위기를 연출했다. 나는 하킴의 방에 양반다리를 하고 앉았다. 어머니는 바로 옆 정돈된 부엌에서 주전자에 무언가를 부어 끓이기 시작하셨다. 다과를 준비하시는 뒷모습에서도 느긋함이 묻어 나왔다. 하킴은 한국어가 서툰 어머니의 말을 통역했다. 우리 학교에는 외국인 가족 구성원 중 자녀가 부모보다 한국어를 잘하는 경우가 많다. 아이들의 습득 속도가 성인에 비해 빠르기도 하고, 공교육과 지역 연계 교육 지원 등으로 배움의 기회가 비교적 많기 때문이기도 하다. 어머니는 온화한 표정과 나긋한 태도로 차분하게 아들과 아랍어로 대화를 주고받으셨다. 하킴이 접시에 놓인 한국제 커피믹스와 외국 과자를 가리키며 말했다.

"이거 엄청 맛있는 과자예요. 이거 커피에 우유 섞어요. 맛있어요."
"쪼르륵"

커피믹스를 컵에 담은 뒤 주전자로 정성스럽게 데운 우유(전자레인지가 아니다!)를 더하자 달콤하면서도 친근한 향이 방을 가득 채웠다. 어머니가 한번 먹어보라며 내 쪽으로 컵을 내미셨다.

"저희 엄마가 제일 좋아하는 거예요."

하킴이 대신 말을 전했다. 어머니는 음식에 대해 안내하는 하킴 옆에서 방긋 웃어 보이셨다. 나는 카페인에 아주 취약한 데다 커피에 우유를 타 먹어본 적도 없는 사람인지라 잠시 망설였다. 하지만 어쩌겠는가. 이토록 예를 갖추며 손님 접대를 해 주시는 분의 호의를 거절하는 건 못 할 짓이다. 무엇보다도 달콤한 냄새가 '나 좀 마셔봐!'하고 말하는 것 같았다. 우유 커피를 한 모금 마시자 눈이 번쩍 떠졌다. 커피믹스와 뜨거운 우유의 환상적인 조합! 달콤하고 부드러운 맛에 입꼬리가 저절로 올라갔다. 11살 아들을 둔 젊고 아름다운 어머니가 이국땅에 와서 반할 만한 맛이다. 나의 대답을 기다리는 어머니와 하킴의 눈이 반짝였다.

"맛있지요?"
"우와…. 엄청나게 맛있네요!!"

가정방문 후 4월이 되어 온라인 개학을 했다. 기대와는 달리 하킴은 쌍방향 원격수업에 성실히 참여하진 못했다.

우리 학급용 SNS(Social Networking Service)인 밴드(Band)에 출석 댓글도 달기 어려워하는 날이 있었다. 할 수 없이 통화를 통해 출결을 확인하고 개인 영상통화로 일상을 나누기도 했다.

코로나로 인해 1주일 대면수업, 1주일 원격수업을 번갈아 진행했다. 일주일 후에 만나는 하킴은 성큼성큼 자라 있었고 의젓해졌다. 중학교에 가면 결혼을 할 거라고 진지하게 말하는 하킴의 이야기를 들으며 하킴이 이루게 될 가정을 상상해 보았다.

요즘도 가끔 생각난다.
그때 그 커피의 맛이.
그때의 환대가.

김 주세요. 김!

3월 초등학교 1학년들이 학교에 처음 와서 맞는 입학 적응 기간, 아이들의 눈이 반짝반짝 빛을 낸다. 아이들은 교사를 따라 학교 구석구석을 작은 걸음으로 부지런히 걸어 다니며 각 공간의 쓰임새를 알아본다. 이제 갓 '학교'라는 공동체에 들어온 8살 아이들에게 학교 모든 곳은 교육의 장이다. 아이들 눈에는 신기한 것투성이다.

"이곳은 식당이에요. 맛있는 점심을 먹는 곳이랍니다."

식당을 보는 순간 아이들 목소리가 한층 더 올라간다.

신규 시절, 식판 검사를 철저히 했다. '잔반 없는 날'을 정하여 아이들이 반찬을 최대한 골고루 먹도록 지도했다. 요즘에는 교육 현장의 분위기가 많이 바뀌어 먹기 싫어하는 것을 억지로 먹어보라고 하지 않는다. 국은 염분 때문에 먹이지 말아 달라고 말하는 학부모도 있다. 초등학생에서 중학생, 고등학생으로 성장하면서 자연스럽게 음식을 대하는 폭이 넓어지고 편식 습관도 고쳐지리라 기대한다.

유년 시절의 편식은 시간이 해결해 주는 경우가 많다. 그렇지만 새로운 음식에 대한 경험은 편식을 극복하는 계기가 될 수 있다. 그렇기에 나는 아이들에게 급식 반찬을 한 번씩은 먹어보자고 권하는 편이다.

전교생 중 약 55%가 다문화 학생, 그중 외국인 학생의 비율이 더 높은 우리 학교의 식당 분위기는 일반 학교보다 특별하다. 한국 음식에 익숙하지 않은 외국인 아이들은 급식 반찬들에 거부감을 표현하는 경우가 많다. 한국인에게 대중적이지 않은 낯선 외국 음식을 먹어보라고 할 때의 거부감과 같다. 억지로 먹으라고 할 순 없는 일이다. 차차 적응해갈 수 있도록 시간을 내어준다. 강요하지 않고 인정해 준다. 특히 아랍계 외국인 아이들은 이슬람교[1]의 특성상 육식을 하지 않기 때문에 어떤 날은 김치 이외에 먹을 것이 없는 날도 있다.

---

[1] 이슬람교를 믿는 사람, 즉 무슬림은 이슬람 경전인 꾸란에서 금지한 음식을 먹지 않는다. 허용된 것은 '할랄'이라고 하고, 금지된 것은 '하람'이라고 부른다. 돼지고기와 돼지의 부위로 만든 모든 음식, 동물의 피와 그 피로 만든 식품이 '하람'에 해당한다.

이런 아이들에게도 호불호가 없는 반찬은 바로 '김'이다. 다른 음식들을 보면 식판을 뒤로 빼거나 "안 먹어요."라고 외치지만 김은 꼭 받는다. 어떤 아이는 밥은 받지 않아도 김은 달라고 한다. 김은 늘 우리 학교 식당의 특별 메뉴다. 다만 한국인 학생들에겐 당일 메뉴에 김이 들어있지 않으면 제공하지 않는다.

이러한 시스템을 몰랐던 1학년 아이들의 첫 점심시간, 〈김 사건〉이 발생했다.

입학 적응 기간 아이들은 나와 함께 식당을 미리 둘러 보았다. 식당에서 지켜야 할 규칙, 식사 전 손 씻기, 거리 두기, 식판 잡는 법, 선생님이 알려주는 곳에 앉아서 식사하기, 식판 검사 및 정리, 나가는 길 등을 꼼꼼히 연습했다.

드디어 고대하던 1학년 점심 식사 첫날, 모든 것은 생각보다 순조로웠다. 아이들 모두 연습한 대로 줄을 서서 배식을 잘 받는 모습에 흐뭇했다. 이제 식사를 시작하려던 차였다. 갑자기 자기 자리를 잡고 앉았던 지나가 나를 찾았다.

"선생님, 지수만 왜 김 받아요? 나도 김 줘요!"

지나는 심통이 나서 손가락으로 지수의 식판을 가리켰다. 지수의 식판에 김 봉지가 놓여 있었다. 아차! 조리사님이 지수를 외국인이라고 착각해서 김을 챙겨 주신 모양이었다. 그도 그럴 것이 우리 학교에는 외형적으로는 특별한 차이가 없는 외국인이 많으므로 아직 낯익지 않은 아이들을 다 파악하기에는 어려움이 있다. 지나와 지수는 쌍둥이 자매라 차별받는 느낌에 더 속상했던 듯했다. 지나의 말을 들은 아이들도 자리에서 벌떡벌떡 일어나 지수 주변으로 몰려들었다.

"저도 김 주세요!"

아이들 목소리가 조용하던 식당을 가득 채웠다. 어쩌다 보니 한국인 친구인 지수가 김을 받게 된 것이 사건의 발단이었다.

"지수야, 우리 학교에서 김은 외국인 친구들만 받는 거예요. 다시 조리사님 드리자."

규칙은 규칙이니 지수의 김을 챙겨서 다시 조리사님께 돌려드렸다. 그랬더니 이번엔 지수가 울기 시작했다.

"왜 뺏어가요? 왜 외국인 친구들만 김 주는 건데요!!"

김을 억지로 '뺏긴' 지수가 식당에서 고래고래 소리를 지르며 눈물을 뚝뚝 흘렸다. 이제 갓 8살 아이에겐 낯선 반찬의 세계에서 자신을 구해줄 '김'을 잃었다는 게, 그 '김'을 외국인 친구들만 준다는 게 무척 억울했을 것이다.

　"지수야~ 속상하지? 그런데 우리 학교에는 한국 반찬을 못 먹는 외국인 친구가 많아. 어떤 친구는 고기를 아예 먹을 수가 없대. 그런 친구들에게 조금이라도 밥을 먹으라고 김을 주는 거야."

　몇 번이나 급식 규칙을 들은 뒤에야 지수의 울음이 잦아들었다. 하지만 지수는 한참 동안 팔짱을 낀 채 밥을 먹지 않겠다며 뾰로통해 있었다. 그러더니 어느 순간 마음이 풀렸는지 밥 한 숟가락을 크게 뜬 후 입에 넣었다. 지수의 눈이 반짝했다. 생각보다 밥과 반찬이 입에 맞는지 열심히 먹기 시작했다. 적당히 배가 찰 만큼 먹고 나더니 손짓으로 나를 불렀다.

　"선생님, 외국인 친구들은 한국 음식을 잘 못 먹으니까 김을 받아야 해요. 그렇죠?"
　"그래. 맞아. 우리 학교에는 외국인 친구들이 많잖아. 지수

아깐 속상했지만 이해해 줄 수 있지?"

"네! 전 이해해 줄 수 있어요! 밥이 정말 맛있어요!"

엄지를 치켜세우며 앞니 빠진 웃음을 보이던 지수는 식판의 밥과 반찬들을 다 먹어 치웠다.

1학기가 끝나갈 무렵, 우리 반에 러시아 친구 이리나가 새로 왔다. 외모는 한국인과 차이가 없었지만, 한국어를 전혀 하지 못했다. 이리나는 러시아어를 사용하는 친구들의 도움을 받으며 학교생활에 차차 적응했다. 한국어 학급에서 수업도 받게 되면서 스스로 할 수 있는 것들이 점점 늘어났다.

단 하나, 2학기가 되어서도 내가 이리나를 위해 꼭 챙기는 것이 있다. 바로 '김'이다. 한국인과 외형적으로 똑같은 이리나는 김 챙김 대상에서 제외되곤 한다. 조심성 있고 내향적인 이리나는 아무 말 없이 배식을 받은 후 자기 자리에 앉아 나를 기다린다. 잠깐의 기다림 끝에 나에게 김을 받은 이리나가 씩 웃는다.

"감사합니다."

이리나에게도 김은 식사 해결 필수 아이템이다.

마스크가 뭐길래

2학기가 시작된 지 1주일 정도 지났다. 우리 반에 새 친구, 러시아인 플라톤이 왔다. 플라톤은 작은 체구에 피부가 하얀 남학생이다. 플라톤은 첫인사를 건네는 나에게 아무 말 없이 부끄러운 미소만 지었다.

"아이가 부끄럼을 많이 타요."

사전 면담을 진행하신 교무 선생님과 한국어 학급 선생님께서 플라톤에 대해 짧게 이야기해주셨다. 플라톤은 한국에 있는 러시아 유치원을 다녔다. 그곳은 학비가 비쌌다고 한다. 한국의 공립 초등학교에 다니려고 시도했지만, 집 부근의 학교에서 받아주지 않았다. 어쩌다 보니 집에서 좀 떨어져 있는 우리 학교까지 오게 되었다. 플라톤은 한국에 들어온 지 제법 되었지만, 대부분 러시아어만을 사용했기에 한국어는 거의 알아듣지 못했다.

부끄러움이 많을 것 같았던 플라톤은 예상과는 딴판이었다. 교실에 처음 온 날부터 수업 시간에 교실에서 뛰어다니거나 큰소리로 러시아 노래를 불렀다. 우리 반에 러시아어권 아이들은 그런 플라톤을 챙기며 학급 규칙을 알려 주었다.

플라톤의 학교생활 적응의 복병은 언어가 아니었다. 그건 바로 '마스크'.

"플라톤, 마스크 해야 해요! 벗으면 안 돼요!"

수차례 지도를 했지만 플라톤은 계속 마스크를 벗었다. 코로나 팬데믹으로 여전히 마스크는 의무착용이었던 시기라 마스크 미착용은 예민한 사안이었다. 급기야 친구들도 플라톤에게 마스크 이야기를 하기 시작했다.

"플라톤, 마스크 써~~"
"선생님, 플라톤 또 마스크 벗어요."

플라톤은 마스크에 대한 친구들의 이야기가 싫었던지 투덜대면서 발을 쿵 구르며 책상에 엎드려 버렸다.

그런 날들이 일주일 정도 이어졌을 때다. 플라톤 누나로부터 전화가 왔다. 플라톤은 어머니, 누나와 함께 사는데 중학생인 누나가 한국말을 제일 잘했다.

"선생님, 플라톤 누난데요. 플라톤 내일 학교 쉬어요. 플라톤 어릴 때 심장 안 좋게 태어나서 마스크 잘 못 써요. 코 밑으로 내리고 다니는 거 못하면 집에서 공부할게요."

'아, 그래서 마스크를 자주 벗었구나.' 싶다가도 '교실에서 그렇게 뛰어다녔는데?' 하는 의문이 들었다.

그렇게 해서 플라톤은 1주일 정도의 학교생활을 마지막으로 등교를 중단했다. 관련 진단서가 필요했다. 플라톤 어머니께서 보내주신 서류는 2014년 러시아에서 발급받은 진단서였다. 진단서에는 '심장에 약간의 문제가 있다'라는 내용이 적혀 있었다. 의사인 지인들에게 문의도 해 보았다.

"음, 2014년, 이 정도로 마스크 착용을 거부한다고요? 마스크가 문제가 될 것 같지 않아요. 오히려 코로나 상황에선 일상생활에서 마스크를 착용하는 게 더 안전할 것 같은데요."

갑갑한 기분이 싫은 플라톤은 절대 마스크를 착용할 수 없다고 강경하게 말했다. 재택교육을 하거나 교육을 면제받는 방법밖에는 없었다.

그때부터 나와 플라톤 보호자와의 기나긴 대화가 시작되었다. 어머니와 통화가 어려워서 중학생인 누나와 대화를 해야만 했다. 중학교 수업이 끝나는 시간에 맞춰 누나에게 전화해도 통화가 쉽지 않았다. 어렵게 연결된 통화를 통해 알게 된 것은 이러했다.

- 플라톤은 러시아 학교에 다닐 땐 마스크를 코 밑으로 내리고 다녔다.
- 이제 러시아 학교는 비싸서 못 간다.
- 플라톤 어머니는 격주로 주·야간 일을 다니신다.
- 플라톤은 집에 혼자 있는 게 익숙하다.
- 플라톤 누나는 중학교 수업을 마치고 오면 오후 5~6시 정도다.

플라톤 누나와의 이야기를 통해 플라톤의 일과를 대충 그려 볼 수 있었다. 학교에 나오지 않으면 아침부터 오후 5~6시까지 집에 혼자 있어야 했다. 누나는 플라톤이 태권도도 다니고 밥도 미리 차려놓기 때문에 문제없다고 했지만 8살에겐 누군가의 챙김이 필요했다. 학교를 무단결석하며 가정에서도 아무런 조치를 하지 않는 건 '방임'이라고 판단했다. 가까스로 어머니와 다시 통화가 되었다.

"선생님, 걱정 안 해도 됩니다. 플라톤 월요일부터 센터 가요. 플라톤 끝나면 태권도 가요. 태권도 오면 누나 있어요. 괜찮아. 걱정 안 해도 돼."
"어머니, 그렇더라도 문자 보내드린 대로 면제신청서에 사인도 하고 센터 등록했다는 관련 증명서도 주셔야 해요. 아니면 학교에 와야 합니다."
"알겠어요. 감사합니다."

플라톤 어머니께서 요청하신 '면제'를 위해선 학교 면제신청서와 관련 증빙서류가 필요했다. 서류가 준비되면 연락을 주시겠다던 어머니께서는 아무 연락이 없으셨다. 계속 연락을 시도했지만 받지 않으셨다. 다시 플라톤 누나와 연락을 시도했다. 연락이 닿았지만, 엄마에게 물어본 후 답을 주겠다고 하곤 또 아무 소식이 없었다. 통화가 안 되니 시간대를 맞출 수가 없었다. 가정방문도 했지만, 주변 이웃들 이야기만 듣고 가정상황을 확인할 수밖에 없었다.
그러고도 이틀이 지났다. 다행히 우리 반 알리가 주말에 아빠 회사 부근에서 플라톤을 만난 이야기를 들려주어 플라톤의 안위(?)에 대한 걱정은 덜 수 있었다.

그날 오후, 다문화 지원센터에서 연락이 왔다. 지원센터 선생님께서는 현재 플라톤을 가르치고 있으며 학교는 아니지만, 이곳에서 공부하고 있다는 증빙서류를 제출할 수 있다고 하셨다. 플라톤 어머니께 서류를 챙겨 드리고 이른 시일 내에 학교에 방문하도록 안내하겠다고 말씀하셨다.

하지만 어머니의 학교 방문은 이루어지지 않았다. 결국 플라톤의 면제신청서와 증빙서류를 받기 위해 어머니, 누나, 플라톤 온 가족이 집에 있는 늦은 밤 8시에 가정방문을 했다. 일주일간의 학교생활, 마스크 착용 거부, 면제 처리 등을 의논했다. 오랜 시간을 끌며 내 속을 태웠던 일 하나가 마무리되었다.

종종 플라톤의 SNS 사진을 보며 안부를 확인한다. 수줍음이 많지만, 알고 보면 개구쟁이인 모습 그대로다.

뿌리 깊은 나무처럼

2021학년도 겨울 방학이 끝나는 주말, 저녁 시간에 전화가 왔다.

"도영이 엄마예요. 도영이 언제 학교 가요?"

필리핀 국적으로 한국어가 서툰 도영이 어머니가 내게 전화를 주신 건 처음이었다. 보통 한국인인 아버지와 연락을 주고받던 터다.

"어머님, 안녕하세요. 개학일은 2월 3일입니다. 문자로도 보내드렸어요."

이해를 못 하셨는지 누군가에게 전화를 넘기셨다.

"도영이 삼촌입니다. 애 엄마가 잘 못 알아들어서요. 언제 개학이라고요?"

"2월 3일요. 이번 설 지나고 바로 오면 됩니다."

다시 전화를 넘겨받은 어머니는 멋쩍게 웃으셨다.
개학 날이 되었다.

"오늘은 방학 동안 있었던 일 중에서 가장 기억에 남는 일을 그려 보고 발표해 보겠습니다."

아이들의 질문에 답해 주며 교실을 돌아보다가 자리에 앉았다. 내 교탁과 마주한 1분단 첫째 줄에 앉은 도영이가 골똘히 생각에 잠겨있다가 손을 번쩍 들었다.

"선생님, 전 이번 방학 때 기억에 남는 게 없어요. 좋은 기억이 하나도 없고 슬픈 기억만 있어요."

슬픈 일이라니. 도영이에게 무슨 일이 있었던 걸까?

"무슨 일 있었니?"

"저희 아빠가 돌아가셔서요."

"도영아, 아빠가 돌아가셨다는 말이 '죽었다'라는 말이니?"
"네. 사춘기처럼 병에도 병련기? 병련기 맞아요? 그런 게
있는데 병련기가 너무 오래돼서 죽었어요. 아빠가 자꾸 헛
것을 보고 잠을 못 자고. 그래서 혼자 산에 들어가서 지냈
거든요. 근데 못 먹고 죽었어요."

머리가 띵해지고 마음이 덜컥 내려앉았다. 방학 동안 이
아이의 가정에 무슨 일이 있었던 걸까? 도영이의 설명이 상
식적으로 이해가 되지 않았다. 8살 아이의 말을 어디까지
믿어야 할지 감이 오지 않아 혼란스러웠다. 쉬는 시간이 되
어 도영이와 다시 이야기를 나누었다.

"선생님, 그런데 엄마한테는 제가 말한 거 비밀로 해 주세
요. 혼날 수도 있어요. 그리고 요즘에는 센터에서 밤까지
있어요."
"도영아, 이건 혼날 일이 아니야. 사실대로 말하는 건 나쁜
게 아니야. 왜 밤까지 센터에 있어?"

아빠의 죽음을 선생님께 말하는 게 왜 엄마한테 혼날 일

이라고 생각하는 걸까? 2학기부터 다니던 지역아동센터[1]에
서 밤늦은 시간까지 머무는 이유도 궁금했다.

"어머니 요즘 집에 계속 계셔?"
"엄마 요즘 일 안 해서 집에 있어요."
"그럼 아동센터에는 왜 밤까지 있는 거야?"
"아빠가 돌아가시기 전에 그렇게 신청해 놨대요. 아동센터
매일 두 군데 가요. 엄마 이제 일할 거에요."

마음이 찌르르했다.
아이들이 모두 하교한 뒤, 카카오톡에 있는 도영이 아버
지와의 채팅방을 확인했다. 작년 12월 중순까지 카카오톡
을 이용하여 나와 연락을 취했던 터다. 그땐 상태가 괜찮으
셨던 걸까? 한국 생활을 오래 하셨음에도 의사소통이 어려
운 어머니 대신 아버지가 도영이 서류와 출결 등을 챙겨 주
셨다. 어떤 날은 아버지 자신의 과거 사진, 가족사진들을

---

1) 다문화 학생 밀집 지역 지원을 위한 지역기관 이들센디로 힉교 요청 노는 센터의 자체선
발기준을 바탕으로 선정된 다문화 학생을 대상으로 운영된다. 학생 개개인 맞춤 지도 내
용을 소속 학교 교사와 협의하고 프로그램을 운영한다. 해당 학생은 방과 후 센터에 방
문하여 생활 한국어 말하기, 기초 읽기와 쓰기, 사칙연산 중심의 수학, 놀이 활동, 한국
사회생활 적응 교육, 특기 적성 프로그램 등에 참여한다. 필요시 등·하교 지도 지원, 병
원 동행 및 생활습관 개선 교육, 학생 가정 반찬 배달, 저녁 식사 지원 등도 이루어진다.

나에게 잔뜩 보내기도 하셨다. 늘 긍정의 기운이 넘치셨던
분이다.

'아빠가 일하다가 다쳐서 그 이후로 아프다.'라는 말을 도
영이에게 듣긴 했다. 하지만 자동차 수리 일도 종종 하셨
고, 도영이 하교도 도맡아 하셨다. 도영이 아버지의 카카오
스토리에 들어갔다. 심장이 쿵 하고 내려앉았다.

'발인'

도영이 아버지의 영정 사진이었다. 방학 중 어머니와 통
화했던 그때 즈음의 게시글이었다. 어머니께 전화했다.

"도영이 아빠 돌아가셨어요. 죽었어요."

어머니의 말이 구름처럼 가벼워 꼭 거짓말을 하는 것 같
았다. 자녀의 담임 교사에게 슬픔을 드러내지 않으려고 애
쓰시는 듯 멋쩍게 웃으셨다. 어떤 위로의 말씀을 드려야 할
지 고민이 채 끝나기도 전에 통화가 끝났다.

도영이는 아버지가 가시는 길을 어른들로부터 전해 듣기
만 했다고 한다. 아이라는 이유로 제대로 된 작별 인사도
하지 못한 채 이 세상에서 다신 아버지를 만날 수 없다.

죽음과 가난을 생각한다.

"엄마가 색종이 살 돈 없대요."
"방과후교실 하고 싶은데 다음에 하래요."

도영이는 자주 돈이 없다는 이야기를 했다. 어머니는 늘 돈이 없다고 했고 아버지는 그런 현실을 아파하고 안타까워했다. 아이에게 약간의 그늘이 생겼다. 마음이 아프다.

다만 아이의 마음은 어른들의 예상보다 늘 강하다. 도영이는 오늘도 어김없이 씩씩한 모습이다. 복도와 교실에서 친구들과 술래잡기를 한다. 힘 있는 목소리로 아이들에게 색종이 접기를 가르쳐 준다.

한 번씩 도영이 아버지와의 채팅방에 들어가 본다. 넉넉히 부어주신 아버지의 사랑만큼 도영이는 뿌리 깊은 나무처럼 튼튼하게 자랄 것이다.

2021.12.13.

'선생님 좋은 아침입니더~ 늘 고맙고 미안하고 감사한 마음 전합니더 ~^^

꾸준한 유산소운동으로 인체의 면역력을 키워서리~ 꾸준한 유산소운동으로 건강관리 잘 하셔여~^^ 제가 배움이 짧아 우리 도영이가 질문을 해도 답을~체계적으로 설명을 못하여 늘 우리 도영이에게 미안~ 다행이 선생님을 만나서 이젠 우리 도영이가 한글을~다니다 표지판을 읽을 줄 압니더~

선생님 덕분에 우리 도영이가 학교 생활이 좋다는걸~우리 도영이는 좀 특별합니더~ 4살 때 필리핀 외가에 갓는데 거기서 아이들이 노는 걸 보고 바로 따라하고 심지어 겁도 없이 덤블링을 바로 따라해서 보고 다칠까 봐 놀랐던 적도 있었고 텔레비를 보고 아이돌형들 춤을 보고 따라 춤을 곳잘 추기도 하였습니더~^^

제가 어떻게 할 줄 몰라서~마음적으로 힘던 일이 있어서~우리 도영이 관심을 못 갖어~어릴 때 모습이 자신감 좀 없고~겁도 많아진 거 같고 소극적으로 내성적인 성격으로~ 우리 도영이 학교 입학 때도 말도 잘 못하는 우리 집사람이 대리고 갔습니더~^^; 참 고맙고 감사합니더~ 오늘도 즐겁고 힘찬 하루 되셔여~^^'

주어진 환경에도 불구하고

경상남도 교육청에서는 학교에서 학습적, 정서적으로 지원
이 필요한 학생들을 위해 "두드림교실[1]"을 운영하고 있다.
학년 초 진단평가 및 학습 심리 검사, 교사의 학생 관찰을
통해 지원 대상 학생을 선정한다. 우리 학교의 경우 교과
학습 결손 방지를 위해 담임교사가 보충 학습을 진행하는
두드림 배움교실, 학습 흥미 향상과 정서적 지원을 하는 두
드림 성장교실로 나누어 진행한다. 두드림 성장교실은 담
임 교사가 대상 학생의 특성과 상황을 고려하여 필요 물품
을 구매해 주거나 취미 생활 지원, 사제간 다양한 문화 체험

---

1) 두드림 교실은 "Do-Dream", 즉 기초학력 부진 학생들의 꿈과 끼를 실현할 수 있는 여건
을 만들어주는 교실이라는 뜻으로 기초학력 부진 학생 중 복합적인 요인으로 어려움을
겪는 학생을 지원하기 위해 학교 내 두드림 팀을 구성하여 대상 학생을 지원한다. 취약
계층, 한 부모, 조손, 다문화 가정 등의 돌봄 결여와 학습문제, ADHD나 불안, 우울, 주
의산만, 왕따 등의 정서 행동문제 등을 파악하여 기초학력 부진을 해결하고자 한다.

을 함께 하기도 한다. 안타깝게도 2020학년도는 코로나 팬데믹이 시작되어 교사 학생 간 함께 할 수 있는 외부 활동에 제약이 많았다. 체험 활동이 자꾸 미뤄지다가 2학기가 되어서야 실시할 수 있었다. 우리 반은 2회에 걸쳐 세 명의 친구들과 체험 활동을 진행했다.

본의 아니게 성장교실에 참여하게 된 3명의 학생 모두 다문화 배경의 학생들이었다. 다문화 학생[2]이란 부모 모두 외국인이거나 부모 중 한 명이 외국인인 학생이다. 다문화 가정이라고 해서 무조건 정서적인 지원이 부족하다는 오해가 생기지 않길 바란다.

우리 반 소라와 현지, 지현이는 가정에서 제대로 된 돌봄을 받고 있지 못했다. 소라는 어머니가 격월로 모국에 지내다가 오셔서 엄마의 공백이 자주 생겼다. 아버지는 돌침대를 만들고 배달하는 일을 하시며 자주 타지에 계셨다. 아버지께서는 이웃 식당에 부탁하여 소라의 끼니를 챙길 때도 있었다.

현지의 경우 아버지는 한국인이고 어머니는 필리핀인이다. 부모님의 이혼 후 현재는 어머니와 함께 산다. 어머니

---

[2] 국제결혼가정과 외국인 가정의 자녀로 구성되며, 국제결혼가정 자녀는 친부모 중 한 명만 외국 국적인 경우이고, 외국인 가정 자녀는 친부모 둘 다 외국 국적인 경우를 의미한다.

는 타국인 우리나라에서 아이 둘을 건사하기 위해 힘든 일
도 마다하지 않으신다. 생계가 급하니 어쩔 수 없이 늦은 밤
까지 일하실 때가 많다. 그때마다 유난히 겁이 많은 현지 자
매는 우리 반 소라네 집에서 늦게까지 놀거나 함께 자곤 했
다. 어른이 미처 채워주지 못한 시간을 서로가 채워주고 있
었다.

지현이는 한국인 아버지와 베트남 어머니, 할머니와 함께
지냈다. 돌봄에는 큰 문제가 없었다. 다만 늦게 한국에 들
어와 또래보다 2살 많고 한국어가 셋 중 가장 서툴렀다.

이 아이들과 첫 번째 야외활동으로 선택한 곳은 도서관과
서점이다. 소라, 현지, 지현이는 도서관이나 서점을 가 본
적이 없었다. 이런 아이들에게 도서관 회원증을 만들어주
고 싶었다. 회원증이 있으면 언제든 집 가까운 도서관에 걸
어가 책을 빌려올 수 있을 것이기 때문이다. 한국어 공부에
도 많은 도움이 되리라 생각했다. 부모님이 함께 가서서 회
원증을 만들 시간도, 여력도 없으시다는 걸 알기에 더 간절
한 마음이었다. 이번 기회에 내가 만들어 줄 수 있지 않을
까 싶어 인근 도서관에 문의 전화를 했다.

"사정이 이러이러한데 제가 대신 보호자 권한으로 아이들
회원증을 만들 순 없을까요?"

학교 학생들 사정을 잘 아는 인근 도서관 사서 선생님께서 방법을 안내해 주셨다.

"원래는 반드시 가족 중 보호자가 와야 하는데, 사정이 그렇다면 제가 이메일로 보내드리는 서류 작성하시고 가족 관계 증명서를 가져와 주세요."

회원증 만들 방법은 찾았지만 가족 관계 증명서 발급이 문제였다. 생계 활동으로 늘 시간에 쫓기는 아이들의 부모님은 가족 관계 증명서를 발급받지 못하셨다. 결국 '도서관 회원증 만들기'는 서류 불충분으로 포기할 수밖에 없었다. 그래도 아이들은 실망하는 법 없이 오히려 나에게 괜찮다며 고마워했다.

지역 도서관 중 가장 규모가 큰 '지혜의 바다'[3]에 방문했다. '책에 압도당한다'라는 말을 아이들도 느꼈으면 했다. 아이들은 입이 떡 벌어진 채 도서관 이곳저곳을 살펴보기 시작했다. 1층부터 3층까지 쭉 둘러보더니 기념사진도 찍은 후 책을 한 권씩 뽑아 마음에 드는 공간에 자리를 잡았다. 아이들에게서 행복한 향기가 났다.

---

3) 독서, 문화, 예술이 공존하는 복합 독서 문화 공간

다음으로 백화점 안에 있는 서점에 들러 각자의 취향에 맞는 책을 골랐다. 큰 마트와 이어진 백화점에 들어가 에스컬레이터를 타고 주위를 둘러보면서 아이들의 눈이 휘둥그레졌다.

"선생님, 백화점 처음 와 봐요."

첫 경험을 선물해 줄 수 있어 기쁘고 감사하면서도 슬펐다. 누군가에겐 일상인 일들이 또 다른 누군가에겐 잊지 못할 경험이 된다는 것이.

두 번째 야외활동은 12월이었다. 아이들과 영화 한 편 보러 가면 좋겠다 싶었지만, 확진자 수가 줄어들 기미가 없었다. 어느 정도 확진자 수가 주춤하고 있을 때를 노렸다.

"얘들아, 우리 영화 보러 갈래?"

지금 아니면 올해는 어려울 수 있겠다는 생각이 들어 일을 추진했다. 소라, 현지, 지현이와 오랜만에 영화관을 찾았다. 코로나가 오기 전과 비교하면 출입 절차가 아주 까다로웠다. 열 체크 및 출입자 명부를 작성하고도 한 자리씩 띄어 앉아야 했다. 텅 빈 영화관에서 한 칸 거리 두기를 하여 앉은 우리 모습이 우습기도 했다. 기대에 찬 아이들이 조용히 조잘거리며 웃는 모습이 예뻐서 기념사진도 찍었다. 영화 〈도굴〉은 기대보다 더 유쾌했다. 아이들이 즐거워하니 절로 행복했다. 우리는 영화관 건물에 있는 보세 가게에서 목도리와 양말 등의 방한용품을 한참 동안 골랐다. 각자의 취향대로 고른 목도리는 바로 착용하고 양말은 봉투에 담았다.

다음으론 버거킹에 갔다. 햄버거 세트를 하나씩 사 들고 집으로 돌아가는 차 안에서 아이들 재잘거림이 끝없이 이어졌다.

결핍이 부족한 시대를 살아가고 있다. 모든 것이 갖춰진 환경에서 보호자의 넘치는 관심을 받으며 자라는 아이들이 참 많다. 그런데도 가진 것에 감사하기보단 가지지 못한 것에 불평하는 아이들을 볼 때 안타깝다. 어려운 환경 속에서도 즐겁고, 반듯하게, 환한 마음을 가지고 자신의 길을 뚜벅뚜벅 걸어 나가는 이 아이들이 미래 사회의 주인공이 되길 바란다.

2022년 2월, 소라, 현지, 지현이는 초등학교를 졸업했다. 중학교에서도 새로운 경험들을 쌓아가며 한 걸음씩 더 넓은 세상으로 나아가고 있을 것이다.

민수의 봄

우리 학교는 가정통신문 취합이 어려울 때가 많다. 생계가 바쁜 한국 부모님들과 외국인 부모님들은 학년 초 학생 편으로 배부하는 취합형 가정통신문들을 챙기기 어려우신가 보다. 학년 첫날에 배부되는 학생 기초 조사서는 학생 기본이 되는 자료다. 담임 교사는 이 자료를 통해 학생의 대략적인 가족 관계와 보호자 연락처 및 주소, 방과 후 이동 동선 등을 취합한 후 필요 정보를 나이스에 입력하고 학교 구성원 전체의 비상 연락망을 구축하게 된다.

민수는 3월 개학 날 배부한 학생 기초 조사서를 개학 후 2주가 지나도록 제출하지 못했다. 그 이유는 '엄마가 동생을 낳고 조리원에 있기 때문'이다. 민수는 다문화 학생이다. 어머니가 네팔 사람이라 한국말을 잘 못 하신다. 어머니는 외국인을 대상으로 휴대전화 판매일을 하고 계셨다.

다복한 민수 가정에 새로운 식구가 생겼다. 쉬는 시간, 잠시 이야기를 나누어 보니 개학 날 어머니가 동생을 낳으러 병원에 갔다고 했다. 아버지는 바빠서 출근하면 늦게 오신단다. 아버지가 매일 와서 같이 자느냐고 물으니 그렇다곤 하는데 대답이 영 시원찮았다. 밥은 어머니가 준비해 놓고 간 반찬으로 스스로 챙겨 먹거나 누나와 형이 한 번씩 챙겨 준다고 했다. 부모님과 연락을 취해 보고자 부모님 연락처와 집 주소를 물었다.

　　"민수 집 주소 좀 알려 줄래?"
　　"집 주소 몰라요. 누나가 알아요. 6학년에 누나 있어요."

　　집 주소를 아직 모른다고 하니 당황스러웠다.

　　"그렇구나. 그럼 민수 부모님 연락처 좀 알려줄래?"
　　"몰라요."
　　"모르면 어떻게 엄마 아빠랑 연락해?"
　　"아, 맞다!"

　　민수가 자기 자리로 가더니 책상 서랍에 있는 휴대전화 안을 들여다보았다. 민수는 최근 통화 목록에 있는 번호를 나에게 보여줬다.

"이거 엄마 번호예요."

'너는 엄마 번호도 저장을 안 했니?'

목구멍 끝까지 올라오는 말을 꾹꾹 눌렀다. 휴대전화가 생기면 가장 먼저 저장하게 되는 번호가 부모님과 가족 번호 아닌가. 하지만 내가 알 수 없는 또 다른 사정이 있을 수 있다. 가정 학습 연계가 어려웠던 탓일까. 민수는 한글 미해득으로 교과서에 있는 글을 유창하게 읽지 못했다. 4학년인데 한글 맞춤법 표기에 맞는 문장 표현에 어려움을 겪고 있었다. 한글이나 기본 사칙연산에 어려움이 있다 보니 수업 시간에 소극적이다. 국어 시간, 짧은 이야기를 순서대로 소리 내어 읽을 때 민수 차례가 되자 아이들이 먼저 말해 주었다.

"선생님, 민수 글자 잘 못 읽어요."

민수를 대신해서 민수 사정을 전해 주는 아이들의 마음이 기특했다. 민수는 긴 문장으로 자신의 견해를 표현하지 못했다. 민수가 자세를 고쳐 앉고 떠듬떠듬 문장을 읽기 시작했다. 공을 들임에도 많이 틀리는 건 어쩔 수 없었다. 쓰기도 마찬가지다. 민수는 낱말들의 받침을 모두 빼고 썼다. '솜사탕'을 써 보라고 하면 '소사타'를 썼다. 가벼운 게임으로 덧셈 활동을 했더니 2자리 올림 없는 덧셈도 힘들어했다.

그와 별개로 민수는 학교 오는 게 즐겁고 친구들과 노는 게 즐거운 아이다. 숱이 풍성한 머리카락에 인물도 좋고 덩치도 좋다. 우리 반 남녀 가릴 것 없이 민수를 좋아한다. 순한 성격에 서글서글한 웃음이 매력 있다.

2022학년도, 코로나 확진 학생들이 한 명씩 늘어나던 시기였다. 3월이 채 반도 지나지 않았는데 교실 사이사이 빈자리가 생겼다. 벌써 4명이 자가격리로 학교에 나오지 못하고 있었다.

"선생님, 그런데 왜 민수는 안 와요?"
"선생님이 연락해 볼게."

민수가 전화를 받지 않았다. 부모님께 연락을 드렸지만 마찬가지였다. 2교시가 끝나도록 민수 부모님과 통화가 되지 않았다. 다행히 10시쯤 되어서야 어머니가 전화를 받으셨다.

"어머님, 민수 아직 학교 안 왔습니다."

"그래요? 제가 병원이라서."

아직 출산 후 조리원에 계시는 중이셨다. 어머니와 전화 통화를 하고 있는데 민수가 헐레벌떡 교실에 뛰어들어 왔다. 쌀쌀한 바람이 부는 초봄, 이마에는 땀이 송골송골 맺혀 있었다.

"어머님, 방금 민수 왔네요."

전화를 끊고 민수와 함께 교실에 들어가자 친구들이 민수에게 질문 공세를 한다.

"민수야, 너 오늘 왜 늦었어?"

"학교 안 오는 날인 줄 알았어."

"그건 어제였잖아."

"그러니까. 와, 진짜 학교 못 올 뻔했네."

민수는 선거일 다음 날도 쉬는 날인 줄 알았나 보다. 늦게라도 부리나케 학교로 달려와서 다행이었다. 교과서의 글자들이 아직 불편하고 수업 시간도 견디기 힘든데 학교에 못 올 뻔했다고 안도하며 이마의 땀을 닦아내던 민수가 서랍에서 교과서를 주섬주섬 꺼냈다.

그날 이후 민수는 지각 한번 없이 성실하게 등교했다.

며칠 후, 내 몸 상태가 좋지 않았다. 첫째 딸이 어린이집 친구에게 감염되어 코로나 확진이 되었고 가족 줄줄이 확진되었다. 병가를 내고 고열과 통증에 시달렸다. 그러던 중에 민수 어머니께서 전화를 주셨다.

"선생님, 민수 누나, 확진됐어요. 민수 어떻게 해요?"

가족 구성원이 확진이면 결국 가족 모두 확진되는 경우가 다반사다. 그렇기에 가족 중 확진자가 있으면 해당 학생은 학교에서 관찰대상이 된다.

"어머님, 이젠 가족이 확진이라도 자가키트 상 음성이면 등교할 수 있어요. 다만 PCR 검사를 꼭 해 보시면 좋겠어요. 자가키트가 정확하지 않아서 그렇습니다."

"민수는 안 걸려요. 학교 갔으면 좋겠어요. 민수 공부 못해요. 학교 안 가면 더 못해요."

어머니는 한국어가 서투셨지만 자신의 의사를 명확하게

표현하셨다. 다만 교실이라는 좁은 공간에 확진자일 가능성이 큰 학생과 함께 지내는 것이 위험 부담으로 다가왔다. 다시 간곡히 말씀드렸다.

"어머님, 압니다. 그런데 잠복기가 있어서 혹시나 해서 그렇습니다."
"데리고 갈 사람이 없어요. 저 병원이고 누나, 형 확진이에요. 아빠 일해요. 그래도 한 번 알아볼게요."
"네, 감사합니다."

통화를 끝내고도 마음이 좋지 않았다. 다행히 아버지가 민수를 챙겨서 검사를 받을 수 있었다. 결과는 음성이었다. 민수는 검사받는 하루 동안만 학교에 나오지 않아 기뻐했다.

코로나 3년 차, 민수는 개학 날 동생이 태어났고 가족들이 코로나 확진이 되었다. 나 또한 결국 문지방을 넘어버린 코로나와 함께 이 봄을 맞이하고 있었다.

봄날의 달리기

2022학년도, 코로나 팬데믹으로 2년간 주춤했던 학교 행사들을 하나씩 재개했다. 어디를 가든지 학교 밖만 나서면 기분 좋은 아이들에게 기쁜 소식이 날아들었다. 봄 야외 체험학습을 가게 된 것이다. 2022학년도 첫 야외 체험학습 장소는 도보 15분 정도 거리의 봉황대 공원으로 정했다. 이 공원은 아이들 대부분 집과 가까워서 한 번쯤은 방문해 보았을 장소였지만 밀폐된 공간인 버스로 장거리 이동하는 것은 위험 부담이 컸기에 어쩔 수 없었다. 아쉬운 면도 있지만, 아이들은 그저 반 친구들 모두와 학교 밖을 나가서 밥을 먹고 논다는 것에 신이 났다.

"비가 올 수도 있대요."

봄비가 올 예정이라는 반가운 소식에도 아이들의 걱정은 깊어져만 갔다. 현장 체험학습 날짜를 연기하려다가 강행했다. 다행히 비는 오지 않았다. 아이들 마음은 아무리 끌어내려도 올라가는 풍선들처럼 부풀어 올랐다. 자주 걷던 학교 담벼락 길, 마을 골목길마저 새롭기만 한 듯 얼굴 가득 웃음을 머금고 쉴 새 없이 재잘대는 아이들 덕분에 나도 덩달아 신이 났다.

금방 공원에 도착했다. 넓은 잔디밭에 철퍼덕 자리를 차지하고 앉아 쉬는 아이들, 술래잡기하는 아이들, 공을 챙겨와서 신나게 공놀이를 하는 아이들, 자연을 관찰하는 아이들. 그 틈에 선생님 옆자리를 차지하고 앉아 이런저런 이야기를 들려주는 아이들도 있었다.

"선생님, 저기요! 쟤네 싸워요."

우리 반 이반과 옆 반 친구 사이에 실랑이가 벌어졌다. 같은 언어권 외국인 학생들이 모여서 놀다가 말이나 행동이 과격해지면서 다툼으로 번지는 경우가 종종 있다. 잘 놀다가도 다투는 게, 그러다가도 언제 그랬냐는 듯 노는 게 아이들이다. 상황을 알려주고 도움을 요청한 친구는 우리 반 솔라다. 솔라는 러시아어를 사용하는 우리 반 친구 중 한국어를 가장 능숙하게 구사한다. 교실 속 통역사뿐만 아니라 학습 도우미 역할도 톡톡히 해낸다.

"솔라야, 친구들에게 무슨 일이 있었는지 좀 확인해 줄래?"

솔라는 이반과 옆 반 친구에게 각자 어떤 일이 있었는지 러시아어로 물은 후 답을 들었다. 그 후에 나에게 실랑이가 일어난 이유와 친구들이 한 말을 일목요연하게 알려주었다.

"솔라야, 고마워. 선생님이 솔라 도움을 많이 받네."
"아니에요. 선생님. 그런데 한빛 아파트 사는 외국인 친구들이랑 오빠들이요. 러시아어로 욕 엄청 많이 해요."

한국 사회는 이방인에게 모범적 사회 구성원의 모습을 기대한다. 기대치에 못 미치면 비방한다. 사실, 한국인이라고 다 모범적인가. 시행착오를 겪으며 성장해나가는 기회와 관대한 시선은 공평하게 주어지면 좋겠다.
실랑이로 붕 떴던 분위기가 일순간 다시 활기차졌다. 나들이에 선생님과 함께 하는 놀이 시간이 없으면 섭섭할 터다.

"우리 달리기 시합할까?"

내 제안에 우리 반 아이들이 하나둘씩 모였다. 축구를 하던 무리, 풀잎으로 돌멩이 집을 만들던 무리, '무궁화 꽃이 피었습니다'를 하던 무리, 실랑이하던 외국인 아이들까지 모두 달리기 출발선에 섰다.

"저기 현수막 보이지? 현수막 찍고 돌아오기다!"
"준비! 시! 작!"

심판인 건우의 신호에 모두 힘차게 달리기 시작했다. 축구를 하던 남자아이들이 가벼운 걸음으로 통통통 저만치 앞서 나갔다. 아이들은 상상했던 것보다 훨씬 빨랐다. 함께 달리는 나의 마음은 저만치 앞서가는데 몸이 좀처럼 움직이지 않았다. 키는 제일 작았어도 초등학교 운동회 달리기에서 늘 1등만 했던 나다. 승부욕이 발동했다. 온 힘을 쥐어짜서 달렸다. 열정적으로 뛰어본 게 너무 오랜만이라서일까. 발이 꼬여 버렸다. 돌아오는 길 반쯤에서 철퍼덕 꼬꾸라지고 말았다. 아이들이 달려왔다.

"신생님, 괜찮으세요?"
"선생님, 옷에 구멍 났어요."

긁힌 손바닥은 그렇다 치고 구멍까지 나 버린 바지는 어쩌란 말인가. 아픔보다 더한 민망함이 몰려왔다.

　　"아파. 흑. 그래도 끝까지 뛰는 거야."

　　나는 벌떡 일어나서 결승선까지 달렸다. 아이들도 다시 뛰기 시작했다.
　　학교로 돌아가는 길, 내 뒤를 따라 걷던 수연이가 함박웃음을 지어 보였다.

　　"선생님, 좋은 추억 하나 만들었어요."

　　이날 아이들의 하교 쪽지에는 '선생님과 함께 놀아서 신났다. 그런데 선생님이 넘어졌다.'라는 내용이 주를 이루었다. 무릎에 구멍이 난 청바지를 걷어 보니 다리에 파란 멍이 들어있었다. 피식 웃음이 났다. 다리는 놀랐는데 마음은 유쾌했다.

　　종종 그 공원에 가노라면 그날의 아이들이 생각난다.
　　그날의 풍경, 그림 같던 아이들의 표정과 재잘거림.
　　그 모든 것이 활짝 핀 벚꽃처럼 탐스러웠다.

행운 담은 네 잎 클로버

우리 반은 등교 후 8시 40분부터 20분간 주어지는 아침 활동 시간에 아침 글쓰기를 한다. 아침 등교하면서 본 것 또는 그날의 기분을 세 줄 정도 적는 것이다. 하교 루틴으로는 하교 쪽지를 쓴다. A4를 16등분 한 종이에 그날의 인상적인 일이나 감정을 기록한다. 글쓰기를 부담스러워하는 아이들도 분량이 적으니 금방 써낸다. 아이들은 은근슬쩍 고민을 털어놓는다. 재미있거나 어려웠던 수업 내용에 대해 적기도 한다. 매일 아이들의 글을 확인하다 보면 아이들 각자가 자주 느끼는 감정을 파악할 수 있다.

'오늘은 다리가 이상하게 아팠다.'
'아침에 배가 아팠는데 조금 나아져서 다행이다.'

우리 반 민서는 아침 글쓰기와 하교 쪽지에 '아프다'라는 말을 많이 적었다. 등교하자마자 "오늘은 OO이 아파요."라고 말하는 날도 많았다. 예민한 기질로 인해 스트레스 상황이 신체화되는 것으로 보였다. 민서도 자신의 예민함을 인지하고 있었다. 민서는 부모님의 이혼 후 어머니와 단둘이 생활하고 있었다. 씩씩한 목소리에 인사성이 매우 밝아 학교에서 눈에 띄는 아이였다.

학기 초, 민서가 수업 도중 책상을 쾅 치고 소리를 지르며 복도로 뛰쳐나갔다. 민서의 갑작스러운 행동에 아이들은 다 굳어 버렸다. 복도에 나가 보았다. 먼 곳까진 가지 않고 복도에서 벽을 향해 고개를 박고는 눈물을 보이며 씩씩거리고 있었다.

"민서야, 무슨 일 때문에 그러니?"
"애들이 자꾸 제 말을 안 듣잖아요. 시끄러워서 머리 아파요."

모둠별 활동 중이었는데 친구들이 이야기 나누는 것을 소음으로 받아들였나 보다. 모둠별 대화 시간이니 조금 참아 보자고 말해도 마음의 화를 가라앉히지 못했다. 민서는 시간이 지나자 괜찮아졌다며 교실에 들어와 자기 자리에 앉았다. 아이들에겐 민서의 행동이 당황스럽지 않은지 특별한 반응이 없었다. 쉬는 시간, 아이들이 민서에 관해 이야기해주었다.

"민서 작년에도 화나면 갑자기 소리 지르고 책상도 쾅쾅 치고 그랬어요."
"교실 뛰쳐나가기도 해서 선생님이랑 이야기 많이 했어요."

인사성 바르고 모범적이라고만 생각했는데 민서의 또 다른 모습을 발견했던 날이다. 아이들은 민서가 '문제 행동'을 한다고 말했다.
한 아이만은 달랐다.

'오늘 민서가 많이 힘들어했다. 미안하다.'

진화는 하교 쪽지에 민서에게 '미안하다'라는 말을 적었다. 어머니가 네팔인인 진화는 늘 친구의 처지를 생각하고 배려한다. 무슨 활동을 하더라도 말이 앞서지 않고 오래 생각한 다음에 표현한다. 진화와 민서는 같은 태권도 학원에 다니고 있나. 진화는 민서의 행동 패턴을 누구보다 잘 알고 있었다. 그렇기에 민서의 행동을 더 불편해하거나 비판할 수 있다. 그런데도 진화는 그러지 않았다. 먼저 자기 자신의 말과 행동부터 돌아보았다. 같은 모둠으로 활동하면서 너무 큰 목소리로 말한 건 아닌지, 자신이 민서 마음을 상하게 할 만한 행동을 하진 않았는지. 책상을 쿵쿵 치며 소리를 지르는 모습을 '힘들어한다.'라고 받아들인 진화의 마음 깊이를 가늠하기 어려웠다.

　진화의 생일이 되었다. 친구들이 진화가 좋아하는 간식, 학용품 등이 담긴 선물 꾸러미들을 챙겨왔다. 친구들에게 선물을 받은 진화는 감동과 고마움, 기쁨이 한가득했다. 코로나로 인해 마스크를 썼지만, 눈만 봐도 알 수 있었다. 아이들도 마음이 넓은 친구를 알아본다. 그 친구만의 좋은 향기가 나니까. 나도 그런 진화가 사랑스럽다.

　퇴근이 늦어졌다. 우리 집 아이들을 하원 시키러 갈 시간이라 급하게 교실 정리를 했다. 복도 계단을 내려와 건물 밖을 나서려는데 진화가 두 손을 포개어 공처럼 만든 채 건물에 들어왔다.

"진화야~!"
"선생님~"
"너 교실 가는 거야? 뭐 놔두고 왔어?"
"아니요~ 선생님께 뭐 드리려고요. 이거요."

진화의 손안에 네 잎 클로버가 한 움큼 들어있었다.

"선생님, 오늘 친구랑 친구 엄마랑 공원 갔다가 네 잎 클로 버 찾기 했는데요. 엄청 많이 찾았어요. 선생님 선물 드리려고 학교 왔어요."

마음이 찌르르했다. 생일맞이 나들이, 갑자기 더워진 날씨에 얼굴이 빨갛게 익을 만큼 열심히 뒤져서 찾은 네 잎 클로버. 그 소중한 네 잎 클로버를 선생님 주고 싶어 교실에 찾아온 아이.

"고마워, 진화야…. 선생님 감동했어요…. 이거 선생님이 책갈피로 만들어서 잘 간직할게요."

학교에 가져오는 동안 이미 축 처져 버린 네 잎 클로버를 바라보았다. 그 어떤 것들보다 소중히 간직하고 싶었다. 차에 타자마자 넣을 곳을 찾았다. 물기가 약간 남아있던 페트병에 네 잎 클로버를 넣었다. 조금만 지나면 다시 생기를 되찾을 것이다.

책갈피가 되어 내 곁에 머무는 네 잎 클로버를 바라본다. 이런 아이들의 마음 덕분에 교사들은 지칠 때도 힘을 낸다.

단 하나의 이유로

운동장이 아이들의 열기로 가득 채워지는 여름이 왔다. 〈어린이 시인 되기〉 프로젝트 학습 결과물로 독립 출판사를 통해 시집을 출판할 예정이었다. 먼저 동시집과 어린이시집의 시들을 함께 보고 필사해 보면서 시란 어떤 것인지 마음으로 느껴 보았다. 시집은 아이들의 손글씨와 그림을 그대로 살려 넣는 쪽으로 정했다. 손글씨가 들어가려면 한글 맞춤법 교정 작업 및 피드백이 필요했다. 아이들은 자기가 지은 시를 교정한 뒤 큼지막한 크기의 글씨로 다시 적었다. 한 학기 동안 제법 많은 시가 모였다. 시를 어떻게 쓸지 모르겠다던 아이들이 이렇게 많은 시를 썼다니 마음이 벅찼다. 아이들은 자신이 쓴 시 중 시집에 넣고 싶은 것을 소주제별로 골라 정리했다. 많이 낸 아이는 18편, 적게 낸 아이는 2편이었다. 강압적인 분위기는 만들지 않으려고 애썼다. 외국인 아이들은 한국어가 아닌 모국어로도 자유롭게 시를 쓰도록 했다.

이제 원고 편집만 남았다. 여름 방학 전에 아이들에게 자신의 이름이 새겨진 책 한 권씩 쥐여주는 것을 목표로 삼았다. 마음이 조급했다. 아이들의 원고를 스캔해서 편집 작업을 하려는데 우리 반 진화가 하교하지 않고 교실을 맴돌았다. 급한 일을 빨리 처리하고 싶은 마음이 절실했다. 그때 아차! 아침 활동 시간에 제출한 진화의 아침 글쓰기 내용이 떠올랐다.

'아침 글쓰기'는 우리 반 아침 활동 중 하나로 세 줄 분량의 글을 자유롭게 쓰는 것이다. 아주 작은 분량이지만 아이들의 몸과 마음 상태를 확인하는 중요한 도구가 된다. 등교하는 길에 어떤 일이 있었고 무엇을 보았는지 적는 친구가 있는가 하면, 몸이 아프거나 전날 속상했던 일에 관해 적기도 한다. 아침에 쓰는 짧은 일기라고 생각하면 좋겠다. 내용을 확인하다 보면 종종 나에게 '상담 요청'을 하는 경우가 있다. 그날, 진화가 그랬다.

"선생님, 선생님은 친구한테 배신당한 적 있어요?"

어린이시집을 기한 안에 완성하려고 하니 마음이 조급했

다. 눈은 모니터에 그대로 둔 채 최대한 귀찮은 느낌을 주지 않으려 애썼다.

'좀 하교해 주면 좋겠다. 할 일이 너무 많은데.'

교사로서 무엇이 더 중요한 일인지 분별하지 못하는 마음의 소리가 들려왔다.

"음, 선생님은 그런 경험이 없는 듯해."
"선생님, 지금 생각해보니까 저는 작년에 아랑이한테 배신당했던 것 같아요. 지금은 친하게 지내는데 아랑이를 보면 자꾸 그때 생각이 나요."

한 학년 당 1~2반 정도 되는 소규모 학교다. 같은 반이 될 확률도 그만큼 높다.

"아~ 아랑이. 진화가 전에도 말한 적 있지. 그렇지. 원래 그런 기억들은 잘 지워지지 않고 마음에 남더라."

이번에는 가족들 이야기를 시작했다.

"선생님, 저는요. 아빠랑 자주 놀고 싶은데요. 일 때문에 따로 살아서 주말밖에 못 보잖아요. 그런데 지금은 아빠가 실직했거든요. 그런데도 같이 못살아서 속상해요."

진화를 통해 부모님 이야기를 많이 들어 가정상황을 어느 정도 알고 있었다. 진화의 아버지는 한국인이고 어머니는 네팔인이다. 같은 지역에 거주하는데도 따로 사신다. 진화는 외삼촌, 어머니와 함께 생활하면서 주말에 종종 아버지를 만나 논다.

진화는 친구들과 어른들의 마음을 깊게 들여다보는 눈이 있다. 할 말이 있으면 먼저 누군가에게 상처가 되지 않을까 싶어 진중하게 생각한다. 글과 말이 정련되어 있고 기발하고 따뜻한 표현을 많이 한다.

"저희 엄마는 저 글씨 이상하게 쓰면 저한테 막 그래요. 너는 한국인인데 글씨를 왜 이렇게 못나게 쓰냐고요. 또 엄마가 한국어 잘 못 하니까 이것저것 부탁하는 거 대신해 줄 때 많거든요. 엄마가 저한테 부탁하는 걸 잘 못 하면 또 막 뭐라 해요. '넌 한국인인데 왜 이거 못하냐'고요. 그러면 저도 대들어요. 엄마, 나는 아직 11살 어린이라고!!! 이렇게요."

다른 국적의 어머니와 함께 사는 진화의 일상들은 같은 땅에서 태어나 자란 대부분의 한국 가족과 조금은 달라 보인다. 하지만 본질은 같지 않을까? 이런저런 생각을 하며 진화의 이야기를 듣다 보니 진화의 깊은 내면과 조금 더 가까워진 기분이 들었다. 모니터를 붙잡고 처리해야 할 일들에만 급급한 나는 그에 비교하면 얼마나 모자란 어른인가.

"진화야, 선생님이 너랑 눈 마주치며 들어줘야 하는데. 미안해."

그러자 마음 너그러운 진화가 활짝 웃어 보였다.

"선생님, 괜찮아요. 선생님들은 바쁘시잖아요. 저는 이야기하고 싶어서 하는 거니까 선생님 일하시면서 들으세요."

그림책 『종이 아빠』[1]에는 늘 바빠서 '나중에'라는 말만 자주 하는 아빠가 등장한다. 아빠는 할 일들이 빼곡하게 적힌 점검표를 보며 급하게 일을 처리한다. 아빠는 어느 날 갑자기 종이가 되어버린다. 일을 할 수 없는 상황이 되어서야 딸과 함께 시간을 보낸다. 아이들에게 이 책을 읽어 주면 '우리 엄마 아빠도 저래요.'라는 말을 어김없이 듣는다.

---

1) 이지은, 『종이 아빠』, 웅진주니어, 2014년 4월 21일

진화의 이야기를 귀만 열어 듣는 나는 진화에게 '바쁜 선생님'인 것이다. 바쁜 선생님을 이해해주는 아이에게 고맙고 미안하다. 『종이 아빠』에 등장하는 딸은 미안해하는 아빠를 향해 단지 '우리 아빠'라서 좋다고 말한다. 진화도 마찬가지다. 단지 '우리 선생님'이기 때문에 나에게 아름다운 이야기를 들려주고 자신을 열어 보여준다. 선생님을 배려해주기까지 한다. 나는 아이들 덕분에 오늘도 더 좋은 존재가 되고 싶다.

작별 인사

본교에 온 지 3년, 매해 외국인 비율이 늘어 다문화 학생이 전교생의 약 55%를 차지한다. 새로운 지역으로의 전입, 코로나 팬데믹, 교실 속 많은 외국인 아이들. 변화는 한꺼번에 몰아쳤다. 교직 생활을 하며 소통의 걸림돌이 되리라 생각해 본 적 없는 '언어' 장벽을 마주했다. 극심한 학습 격차로 수업다운 수업을 할 수 없다고 느낄 때가 있었다. 교사로서의 전문성에 회의를 느끼기도 했고 노력해도 자꾸만 생기는 빈틈들로 인해 좌절감을 느끼는 날도 많았다. 3년이 지난 지금, 그저 아이들 하나하나 진심 어린 사랑과 관심, 지지가 눈에 보이는 성과보다 더 중요한 것임을 안다. 지나고 나니 다 경험이고 성장이다.

　2022학년도 종업식이 다가왔다. 아이들과 우리 반 추억의 사진들을 함께 살펴보고 정다운 이야기를 나누었다. 잊고 있었던 순간들이 사진을 통해 기억 저편에서 다시 살아 움직였다. 함께 이야기를 나누는 아이들 눈에 그때의 행복감이 아쉬움과 함께 피어올랐다. 각자가 생각하는 '가장 소중한 추억 5가지'를 정해서 기록했다. 추억은 공유할 때 더 큰 힘을 발휘한다.

종업식이 있던 날, 4교시 수업을 마치고 2022학년도 마지막 급식을 먹으러 식당에 갔다. 아이들 배식이 끝난 후 나도 배식을 받아 자리에 앉았다. 벌써 식사를 다 마친 우리 반 화란이 가까운 식당 출입문 곁에서 나를 힐끗힐끗 쳐다보았다. 내가 빙긋 웃자 쭈뼛거리며 다가왔다. 화란은 한해 동안 나와 가장 많은 대화를 나눈 아이다. 1학기 가정상황을 토로하며 도움을 요청한 적이 있었다. 그 과정 중에 불편한 일들이 생겼다. 친구들과의 관계에서도 어려움이 있어 많은 대화와 상담이 필요했다.

"선생님, 진짜 감사했어요. 선생님이라서 너무 좋았어요.
제 운을 다 써버린 것 같아요."

화란은 장난스럽게 웃으며 말을 이어가다가 갑자기 눈물을 쏟아냈다. 꺼이꺼이 우는 화란의 손을 잡고 토닥거리다가 나도 펑펑 울었다. 눈물을 참을 수 없어서 얼굴을 감싸고 한참 동안 함께 울었다.

개성이 강하고 타인을 믿지 못했던 화란은 "저는 아무도 안 믿어요."라고 말하며 나에게도 자신의 진심을 잘 내비치지 않았다. 많은 시간 이야기를 나눴지만, 대화가 계속 겉도는 느낌을 받기 일쑤였다. 스스로 친구들과의 활동에서 소외되기를 택하여 휴대전화만 들여다보는 시기도 있었다.

"빨리 5학년이 돼서 다른 반으로 가고 싶어요."

학년 말이 되면 정든 교실을 떠나는 게 서운한 여느 아이들과 다르게 냉담한 모습을 보이기도 했던 화란이다. 그런 화란이 마지막 날 울면서 고백을 했다. 진심이 담긴 말은 늘 마음을 울린다.

아이들은 급식을 먹고도 한참 동안 교실에서 놀다가 집으로 돌아갔다. 화란은 퇴근 시간까지 나와 함께 있다가 돌아갔다.

졸업식과 종업식 기념을 하며 교사 송별회를 진행했다. 많은 선생님이 좋은 결과를 안고 다른 학교로 이동하시게 되었다.

"우리 학교 아이들은 사랑이 필요한 아이들입니다. 이 학교에 오래 머물러 보면 보여요. 이 아이들은 교사가 1의 관심을 주면 10으로 느끼고 고마워하는 아이들입니다. 가정의 돌봄을 못 받는, 교사의 관심과 사랑이 절실히 필요한 아이들이 정말 많지요. 순수하고 순진한 아이들입니다. 아이들을 향한 사랑의 문화가 선생님들을 통해 쭉 이어지기를 바랍니다."

만기로 떠나시는 교무 선생님의 말씀에 마음이 뭉클했다. 요즘 시대, 결핍 없이 살아가는 아이들이 얼마나 많은가. 우리 학교 아이들은 결핍투성이이다. 사랑과 관심이 절실히 필요하다.

종업식 날, 우리 반 어머님이 마음이 가득 담긴 편지를 보내주셨다. 두 장에 걸친 편지에는 교직 생활이 힘들고 지칠 때마다 꺼내 보고 싶은 내용이 가득했다. 마음은 다른 마음을 향해 자연스럽게 흘러가나 보다.

2장.

부딪히며

성장하는
아이들

어제 일요일 아니었어요?

오늘도 우리 반 성훈이가 등교하지 않았다. 어김없이 월요일이다. 성훈이 어머니께 전화를 드렸다. 몇 번을 시도해도 통화가 안 됐다. 1교시가 끝나갈 때쯤 전화가 왔다.

"선생님, 오늘 일요일 아니에요?"

휴대전화를 통해 해맑은 성훈이의 목소리가 들렸다. 너털웃음이 났다.

"오늘 월요일이에요. 어서 오세요."

성훈이는 까무잡잡한 얼굴에 뾰족하고 힘 있는 머리카락, 똘똘한 눈이 매력적인 아이다. 자신의 이야기를 두 눈 반짝이며 친구와 교사에게 들려준다. 전형적인 8살의 순수함과 씩씩함에 지켜보는 나도 흐뭇한 웃음이 난다. 말도 조리 있게 잘한다.

"저희 엄마는 필리핀 사람이에요."
"저희 엄마는 필리핀 사람이라서 한국말을 잘 못 해요."
"어! 저거 우리 엄마 국기다!"

성훈이는 가족, 나라에 관한 이야기가 나오면 손을 번쩍 들어 엄마 나라에 대한 자부심과 사랑이 담뿍 담긴 목소리로 소리친다. 성훈이 어머니는 필리핀인이다. 한국어가 서툰 편이서서 어머니보다 성훈이와 대화하는 것이 훨씬 편하다. 어머니는 가족들이 늦잠을 자거나 준비가 좀 늦어지면 성훈이와 유치원생 여동생을 집에 데리고 계셨다. 특히 월요일이나 비가 오는 날이 그랬는데, 아마도 가정 돌봄을 하면 된다고 생각하시는 듯했다.

미취학 아동은 가정 돌봄이 문제가 되지 않는다. 그러나 초등학생인 성훈이는 무단결석, 즉 미인정 결석 처리가 된다. 그렇다고 갓 입학한 1학년 성훈이에게 혼자 등교하라고 할 수도 없다. 결석으로 학습 결손이 우려됐다.

몇 번의 전화 상담 시도 끝에 어머니보다는 한국인인 아버지께 전화를 드리는 게 낫다고 판단했다. 다만 아버지도 통화가 되지 않을 때가 있었다. 이전 직장에서 사고로 인해 재활을 받고 계셔서 자주 아프다는 이야기를 성훈이에게 전해 들었다. 전화를 자주 드리기도 죄송했다.

월요일 결석과 비 오는 날의 지각이 이어졌다. 그만큼 내 당부의 말도 길어졌다.

"성훈아~성훈이가 정확한 요일을 확인해 봐요. 토, 일요일 다음 날은 무슨 요일이에요?"

"월요일이요."

"맞아요. 월요일은 학교 오는 날이에요. 늦더라도 '엄마! 나 늦어도 학교 가야 해요!'라고 말해 봅시다. 비가 오는 날도 학교는 오는 거예요."

잦은 결석과 지각을 일삼던 성훈이는 이제 하루도 지각하지 않고 등교한다. 요즘 성훈이는 색종이 접기에 푹 빠졌다. 늘 친구들에게 무언가를 접어주겠다고 약속한다. 다음 날 멋진 작품을 들고 학교에 와서 친구들에게 선물한다.

알림장에 준비물로 '색종이'를 적어 간 다음 날이었다. 성훈이가 등교하자마자 나에게 다가와 그늘 하나 없는 목소리로 말했다.

"선생님, 저희 엄마가요. 색종이 학교 가져가지 말래요. 돈 없다고요. 집에서만 쓰래요."

성훈이는 친구들처럼 방과 후 수업을 하고 싶어 했다. 하지만 엄마가 돈이 없어서 다음 달부터나 들을 수 있다고 말했다 한다. 한 치의 망설임이나 부끄러움도 없는 성훈이의 말에 오히려 당황한 건 나다. 마음이 저릿하다. 점심시간, 식당에서 열심히 밥을 먹고 있는 성훈이에게 다가가 귀에 대고 조용히 속삭였다.

"성훈아, 내일 선생님이 성훈이한테 색종이 선물할게요. 그거 가지고 학교에서도 종이접기 재미있게 합시다."

성훈이는 눈을 동그랗게 뜨고 나를 쳐다봤다.

"네, 선생님~ 감사합니다!"

입학 후 3월 학교 적응 기간이 끝났다. 성훈이는 재량 휴업일이나 공휴일, 학교 오지 않는 날이 생기면 제일 먼저 속상해한다. 주말을 보내고 온 날에는 쌍꺼풀 짙은 큰 눈을 반짝이며 묻는다.

"선생님, 오늘 월요일 맞지요?"

외국인은 거짓말을 잘한대요

1학년 담임 교사는 3월, 아이들의 기초생활 적응에 엄청난 에너지를 쏟아붓는다. 아이들은 넘치는 에너지와 호기심으로 끊임없이 질문을 하며 가만히 있지 않는다.

내가 맡은 학급의 20명가량 되는 아이들은 예상 밖 질문과 요구를 쏟아내어 담임 교사인 나의 정신을 쏙 빼간다.

"선생님, 우유 못 열어요. 따 주세요."

"선생님, 선생님 옷에 그려진 사람 누구예요?"

"이거 어떻게 접어요?"

"○○이가 풀 없대요."

"어딘지 모르겠어요."

"어떻게 칠해요?"

"어떻게 잘라요?"

"접는 거 모르겠어요."

"번호 몇 번이에요?"

40분 수업 시간은 이제 갓 8살이 된 아이들에게 길다면 긴 시간이다. 힘들어하는 학생들에겐 적응할 수 있도록 응원하고 기다려 준다. 다만 수업 중 뛰어다니고 소리를 지르거나 친구에게 위협을 가하는 행동은 제지해야 한다.

상민이는 한국인으로 교실에서 자기 자리에 차분히 앉아있기를 힘들어했다. 수업 시간에 교실을 돌아다니며 친구들이 챙겨오지 않은 물건들을 빌려주곤 했다. 아이들은 코로나로 짝지 없이 뚝뚝 떨어져 앉았지만 가까운 곳에 있는 친구와 금방 친해졌다. 상민이의 옆자리는 라쉬드였다. 라쉬드는 우즈베키스탄인이지만 한국인만큼 한국어 구사 능력이 뛰어나고 모범적이다. 둘은 티격태격하면서도 또 언제 그랬냐는 듯 사이좋게 놀았다.

그러던 어느 날, 상민이가 여느 날과 마찬가지로 라쉬드에게 연필을 빌려주었다가 잃어버리게 되었다.

"내 연필 빨리 돌려줘!"

"난 분명히 너한테 돌려줬어!"

둘의 입장이 서로 달랐다. 상민이는 연필을 돌려받지 못해서 화가 났고 라쉬드는 연필을 돌려줬는데 안 돌려줬다고 하니 억울해했다. 이 문제를 어찌 해결할까 고민한 것도 잠시, 둘은 언제 다퉜냐는 듯 다시 신나게 놀기 시작했다.

문제는 다음 날이었다. 상민이가 등교하자마자 가방을 가방걸이에 걸더니 나에게 왔다.

"선생님, 엄마 아빠가 그러는데요~ 외국인들은 거짓말을 잘하고 남의 물건을 잘 훔친대요."

8살 아이들은 교사에게 비밀이 없다. 어른들은 부끄러워서 말 못 할 것들도 아이들은 아무렇지 않게 말한다. 아마 상민이도 그랬을 것이다. 상민이의 말을 듣고 마음이 '쿵' 내려앉았다.

'상민이가 6년 동안 다닐 학교인데 부모님은 왜 그런 말씀을 하셨을까⋯⋯.'

이 지역 거주자(외국인들의 밀집 거주 지역)라면 우리 학교가 외국인이 많은 학교라는 것을 다 안다. 외국인에 대한 부정적인 시선이 아이에게 그대로 옮겨지면 또래 관계에 어려움이 생길 거라는 걸 모르시는 것일까? 얼마만큼의 시간이 흘러야 상민이는 자신이 들은 말을 자기 경험으로 지워낼 수 있을까? 찰나를 통해 뱉어진 말은 오랜 시간 상민이의 마음 한구석에 똬리를 틀고 의뭉스럽게 앉아있을 것이다. 아침부터 마음에 먹구름이 잔뜩 끼었다.

"이런 기관 생활을 많이 안 해 봐서 공동체 생활이 제대로 되지 않는 부분이 있어요."

상민이 부모님은 상민이가 태어나기 전, 외국에서 몇 년 간 생활하셨다. 상민이 교육 문제로 한국에 들어왔고 상민이의 정서를 위해 귀촌까지 하셨다. 어린이집이나 유치원에 최대한 늦게 보낼 정도로 긴 시간 온전히 가정 돌봄을 하시며 자녀에게 많은 정성을 쏟으셨다는 걸 안다. 동양인으로서 겪었던 차별에 대한 기억 때문일까? 한국 사회에서 업무적으로 만나게 된 외국인과의 경험 때문일까? 안타까울 뿐이다.

교사로서, 어른으로서 이 부분은 꼭 상민이와 대화를 나눠 볼 부분이었다.

"상민아, 외국인이라고 해서 거짓말을 잘하거나 남의 물건을 잘 훔치는 건 아냐. 그런 걸 편견이라고 해."

"편견이 뭔데요?"

"편견은 이런 사람은 다~ 이럴 것으로 생각하는 거야. 외국인은 다 거짓말을 잘하고 남의 물건을 잘 훔칠까? 그렇지 않아. 한국인이라고 다 똑같지 않은 것처럼."

상민이는 내 설명을 이해했는지 멋쩍은 표정을 지었다.

소수자로 살아가는 외국인, 그중에서도 소수자가 있다. 그들은 많은 사람에게 자신이 '평범하다'는 것을 증명해야 한다. 우리 학교 6학년 시리아인 하미드는 억울한 일을 당한 적이 있다. 이웃 주민이 하미드가 자전거를 훔쳤다고 경찰에 신고한 것이다. 실제 하미드는 버려진 자전거를 개량한 것뿐이었다. 다른 외형과 투박한 말투, 거친 행동을 하는 외국인은 '도덕적으로도 결함이 있을 것'이라는 편견을 가지게 한다. 실제로 학교에서 지켜본 중동 아이들은 종교적인 신념으로 인해 남의 물건에 손을 대지 않는다. 물건을 줍게 되면 반드시 교사에게 맡긴다.

아이들이 편견 없는 건강한 사회인으로 자라기 위해선 어른들이 본보기가 되어야 한다. 아이들의 보호자이자 든든한 울타리가 되기 위해 어른들은 각자의 마음에 자리 잡은 '편견'을 알아차리고 그 편견을 부수기 위해 부단히 노력해야 한다. 내 말 한마디가 아이들의 삶에 어떤 파장을 일으킬지 늘 생각해야 한다.

'그 부모에 그 자녀.'라는 말은 부모들에게 진리처럼 받아들여진다. 교사 생활 중 많은 학부모와 대면하며 옛말 하나 틀린 것이 없다는 것을 실감하며 '나는 좋은 부모인가? 우리 아이들은 어떤가?'라는 생각에 다다른다. '엄마와 부모'라는 정체성이 무겁게 다가온다.

'그 부모에 그 자녀'라는 말 또한 하나의 편견임을 알아차린다.

소화기 사건

"쿵쿵쿵쿵!!!"

복도 어딘가에서 요란한 발소리가 들렸다. '수업 시간에 누가 저리 뛰어다니는 거지?' 생각하던 찰나 교실 앞문이 벌컥 열렸다. 2학년 우즈베키스탄인 압둘과 시리아인 하미드다.

"아크말~! 이리 와봐~~~!"
"아흐마드~~!******"

우리 반 교실이 형들의 등장으로 술렁거렸다. 이제 갓 초등학교 입학해서 기초생활 적응에 열을 올리고 있는 3월이다. 긴 시간 착석도 어려운 1학년 아이들의 '집중력'이 한순간에 흐트러지고 말았다.

"아크말, 형이다!!"
"아흐마드~ 너희 형 왔어!!"

매일 보는 동생일 텐데도 할 말이 많은가 보다. 둘은 하루도 거르지 않고 수업 시간, 동생의 교실에 찾아와 소리를 질렀다.

외국인이라고 모두 의사소통이 어렵고 학교 적응이 어려운 것은 아니다. 한국인 친구들보다 더 한국어가 유창하고 모범적인 친구도 있다. 우리 반 우즈베키스탄인 아크말이 그렇다. 반면 시리아인 아흐마드는 아직 한국어도 서툴고 한국 문화를 쉽게 수용하지 못한다.

"화장실~"
"아니야~"
"갈래요~"
"싫어!"

아흐마드는 이 정도의 말을 구사할 수 있었다. 아크말과 아흐마드 둘은 아주 다르지만, 형이 오면 똑같은 어린 동생이 되었다.

갓 입학한 아크말과 아흐마드는 그렇다 쳐도 아크말의 형인 압둘과 아흐마드의 형인 하미드는 모두 2학년인데 이들이 수업 시간에 교실을 이탈하는 것은 문제 상황이었다. 1, 2학년 담임 교사들이 어르고 달래고, 어떤 날은 혼을 내도 아이들의 행동은 개선되지 않았다. 묘책이 필요했다. 우리 반 모범생 아크말과 이야기하는 시간을 가졌다.

"아크말, 형이 아크말을 아주 좋아하나 봐. 매일 찾아오네."
"네, 형이 집에서도 저 엄청 잘 챙겨 주고 착해요."
"그렇구나. 그런데 아크말, 형이 교실에서는 왜 그러는 걸까? 아크말이 형한테 그러지 말자고 이야기해준다면 좋겠다."
"네 알겠어요~ 그런데 선생님, 저희 형 집에서는 정말 착하고 부모님 말씀도 잘 들어요. 형은 그냥 형 반 친구들 재미있게 해 주고 싶어서 그러는 거래요. 웃게 해 주고 싶대요."

예상치 못한 답변이었다. 그 이후에도 우리 반 교실 문은 자주 벌컥벌컥 열렸다.
그러던 6월의 어느 날, 수업 도중 소방 사이렌이 울렸다. 복도를 나가 보았지만 한참이 지나도 조용했다. 오작동이거나 아이들 장난인 듯했다. 곧 보건 선생님의 안내 방송이 나왔다. 아무 일 없다는 것이다.

그날 이후 이상하게도 2학년 외국인 형들은 우리 교실에 찾아오지 않았다.

"선생님, 아이들이 웬일일까요. 오늘 교실에 안 왔어요."

자초지종은 이랬다. 2학년 시리아인 하미드가 수업 도중 복도로 나왔다. 불러도 뛰어서 도망가니 담임 선생님도 어쩔 도리가 없었다. 그리고서는 장난으로 소화기를 꺼내 들고 화장실에 온 친구들에게 소화기를 쏘며 장난을 쳤다. 소화기 가루를 맞은 친구가 눈이 계속 따갑고 아파 병원에 가게 되면서 일이 커졌다. 하미드의 아버지는 그 소식을 듣고 학교를 찾아오셨고 교장 선생님, 교감 선생님, 교무 선생님, 담임 선생님과 면담을 했다. 집에 돌아간 아버지는 하미드를 매우 나무라셨다고 한다. 시리아인들은 자녀를 아주 엄격하게 훈육한다는 것을 알기에 선생님들도 걱정을 많이 했다.

그다음 날부터 하미드는 급격히 조용하고 조심스러워졌다. 하미드 동생 아흐마드는

"선생님, 아빠 하미드 혼냈어. 형 울었어. 아파."

라고 말하며 울적한 표정으로 자기 자리에 앉았다. 아흐마드도 덩달아 수업 시간에 자리를 지키는 시간이 길어졌다.

하미드는 그 사건 이후부터 학교에 나오는 것을 거부하며 결석하는 날이 많았다. 등교하는 날에는 상담센터와 연계하여 상담을 진행하기도 했다. 시간이 약인 걸까. 하미드와 압둘은 더 이상 수업 도중 우리 교실에 찾아오지 않았다.

"선생님, 저 동생이랑 이야기해도 될까요?"

하미드와 압둘은 쉬는 시간, 예의를 갖추어 동생들을 불러 달라고 부탁하는 아이들이 되었다. 이제 하미드와 압둘은 학교의 규칙을 지키려고 노력하는 멋진 학교 선배가 되어 간다. 쉬는 시간만 되면 복도를 종횡무진하지만 말이다.

조금 느리거나 조금 빠를 뿐

"선생님, 안녕하세요."

"선생님, 사랑해요."

우리반 마리아가 등교 후 내 품에 안기며 매일 하는 말이다. 마리아는 우크라이나 국적의 외국인으로, 한국에서 머문 시간도 길어 외국인 친구 중에선 한국어를 유창하게 말하는 편이다. 마리아의 부모님은 한국에서 생활하다가 3년 전쯤 이혼했다. 아버지는 자국으로 돌아가셨고 어머니는 한국에 남아 홀로 마리아와 동생을 키우며 살아가고 계신다. 마리아는 초등학교 입학 후 한국어 교실에서 실시하는 한국어 테스트에서 상위 점수를 받아 한국어 학급[1]에 입급되지 않

---

1) 입국 초기 중도입국·외국인 학생 등을 대상으로 한국어 집중교육을 위해 마련된 정규학
    교 내 특별학급. 한국어 교육 수요 등을 반영한 선정 기준을 수립하여 중도입국·외국인

았다. 마리아 어머니는 마리아가 한국어 학급 수업을 듣지 않는 것 때문에 걱정이 많으셨다. 한국어를 유창하게 말하는 능력이 높은 수준은 아니지만, 반에서 한국인 친구들과 활동하며 한국어 사용 환경에 더 많이 노출되는 편이 나으니 안심해도 된다고 말씀드렸다. 어머니의 걱정은 방과 후 가정으로 찾아가는 한국어 수업 지원이 이루어지면서 사라졌다.

마리아는 말수가 매우 적고 조용하다. 늘 웃는 표정으로 나에게 다가와 조용한 목소리로 사랑의 말을 한다. 느린 움직임도 나에겐 사랑스럽지만, 학교생활 적응에는 애를 먹었다. 다음 활동 준비 시간이 오래 걸렸고 자기 자리 정리를 가장 늦게 했다. 종례 후에도 혼자 남아서 한참 동안 가방을 정리하기도 했다.

학년 초, 돌봄교실 선생님께서 교실에 찾아오셨다.

"선생님, 마리아가 바지에 실수했어요. 화장실에 갔는데 한참이 지나도 안 와서 가 보았더니 화장실에서 울고 있더

학생이 다수(5명 이상 권장) 재학하는 학교에 우선 지정하며 별도 학급을 개설하여 『한국어(KSL) 교육과정』을 운영한다. 학생의 안전관리 및 안정적인 교육과정 운영을 위하여 한국어 학급을 전담하는 정규교사(담임)를 필수 배치하도록 권장한다. 해당 학생은 예체능 등의 교과 수업의 경우 원적 학급 수업에 참여하여 조기 원적 학급 복귀·적응을 지원받는다.

라고요. 혹시 마리아 여벌 옷 있을까요?"

마리아가 화장실에 가는 동안 소변을 참지 못하고 실수를 했다는 것이다. 마리아는 걸음걸이가 느려서 화장실을 가는 데에도 많은 시간이 소요되기에 이해가 갔다. 그런데 여벌 옷이 없었다. 지난 주 돌봄교실에 있는 동안 소변 실수를 해서 여벌 옷을 사용한 뒤 다시 챙겨오지 않은 터였다. 결국, 어머니께 전화를 드렸다. 허겁지겁 학교에 오신 어머니는 마리아를 데리고 집으로 가셨다. 그 뒤, 몇 개월의 시간 동안 마리아는 제법 재바르게 몸을 움직이며 과업들을 해결했다.

2학기 들어 마리아에게 닥친 또 다른 과제는 '잠'이다.

"선생님, 마리아 또 졸아요~"

수업 시간, 한아의 외침에 반 아이들의 시선이 일제히 마리아에게 향했다. 아이들의 시선을 느낄 새 없는 마리아는 턱에 손을 괴고 앞으로 뒤로 휘청거리며 곯아떨어졌다.

"마리아가 요즘 많이 졸지요?"

내 말에 아이들도 "네~"하고 대답했다.

"마리아가 요즘 늦게 잠을 잔대요. 어린이들은 일찍 자야 그다음 날도 즐겁게 공부하고 놀 수 있다고 이야기했답니다. 그래도 피곤한가 보네요."

반 친구들 말에 따르면 방과 후 수학 수업 시간에도 계속 졸기만 한다고 했다. 아마 수면 시간의 총량이 부족해서일 것이다. 마리아 어머니는 네일아트로 아르바이트를 하시는데 간혹 손님이 집에 방문할 때도 있었다. 어머니는 늦은 시간대에 손님이 오면 늦게까지 일을 하셨다. 마리아는 어머니의 일이 끝날 때까지 자지 않고 기다리는 모양이었다. 8살밖에 되지 않은 아이가 늦게 자고 일찍 일어나는 생활을 견뎌내는 건 버겁다. 그렇다고 한 가정의 생계를 책임지기 위해 애쓰시는 마리아 어머니를 탓할 수도 없다. 어머니도, 마리아도 하루하루 주어진 삶을 살아내기 위해 나름의 애쓰는 시간을 보내고 있다.

나는 마리아가 조는 것을 질책하지 않기로 했다. 이런 상황 속에서도 지각없이 등교하는 마리아를 칭찬하기로 했다. 단정한 모습으로 아침까지 든든히 먹여 아이를 보내주시는 어머니께 감사하기로 했다.

2학기가 끝을 향해 간다. 여전히 마리아는 사랑이 많다. 늘 친구들과 교사의 마음을 살핀다. 등교 때마다 자신이 만들고 그린 작품들을 나에게 선물한다. 어떤 날은 A4용지로 만든 포장지에 방역 마스크와 손 소독제를 포장해서 준다. 할머니가 사주신 과자라며 우크라이나 과자를 내민다. 그럴 때마다 생계를 위해 늦은 시간까지 일하시는 어머니를 기다리며 작은 방에서 무언가를 만들고 그릴 마리아의 모습을 그려 본다. 해맑은 웃음을 머금고 등교하는 마리아는 기대했던 것보다 더 멋지게 자라고 있다. 조금 느리고 조금 빠를 뿐, 아이들은 자신만의 속도로 건강하게 자라날 것이다.

누구나 다 잘하는 것이 있다.

출근길 차 안, 몸 상태가 급격히 나빠졌다. 속이 울렁거리더니 교실에 들어가선 매스꺼움까지 더해져 식은땀이 났다. 8시 10분, 다행히 교실에 먼저 와 있는 아이는 없었다. 교직원 화장실에 가서 아침에 먹은 것을 다 게워냈다.

'그냥 조퇴하고 집에 가서 쉴까.'

하지만 우리 학교는 소규모 학교다. 1학년은 교과 전담 수업 시간이 없는 데다가 아이들 통제 문제로 다른 선생님들이 보결 들어오는 것을 힘들어하신다. 그걸 알기에 '몸은 힘들지만 그래도 수업은 다 하고 가자' 싶어 교무 선생님께 오전에는 수업을 하고 오후에 질병으로 조퇴를 희망한다고 말씀드렸다. 그새 등교한 우리 반 아이들이 2층 교실에서 1층까지 내려왔다. 교무실 부근에서 나를 찾고 있었던 것이다.

"선생님, 왜 이제 와요? 어디 있다가 오는 거예요?"

교실에서 늘 1등으로 와 있는 내가 없으니 아이들이 계속 찾아다녔나 보다. 아이들과 함께 교실에 올라가니 루이젠이 기다리고 있었다. 이라크인 루이젠은 한국말이 서툴다.

"선생님, 이거 내가 했어요."

루이젠이 반갑게 인사하더니 자신의 머리를 가리키며 말했다. 힘없고 피곤한 와중에도 놀랄 수밖에 없는 모양새이다.

"대단하다! 루이젠!"

날개뼈 밑까지 내려오는 길고 곱슬곱슬한 머리카락을 가지런히 모은 뒤 세 가닥으로 땋아 단정히 묶었다. 그것도 혼자서.

"루이젠이 한 거예요? 최고!! 멋져!!!"

루이젠은 수업 시간 자기 자리 지키기를 몹시 힘들어하는 에너자이저다. 늘 몸이 뒤나 옆으로 틀어져 친구들을 향해 있다. 학기 초에는 가끔 수업 시간에 교실을 이탈하기도 하고 화장실도 자주 가고 싶어 했다. 그 이유는 간식을 먹기 위해서다. 루이젠은 수업 시간에 화장실을 가겠다고 하고선 몰래 한국어 학급에서 받은 사탕이나 젤리를 먹고 올 때가 많았다. 아직 나이가 어리다 보니 몰래 먹은 걸 감추기 어려웠다. 어떤 날은 마스크에 음식이 고스란히 묻어 들키기도 했다. 먹고 나면 늘 들켰다.

　"루이젠, 이제부터 화장실은 웬만하면 쉬는 시간에 가보도록 하자."

　루이젠과 약속을 했다. 수업 시간에 가야 한다면 적당한 시간을 두고 가도록 했다. 6월의 어느 날, 어딘가에서 폴폴 고약한 냄새가 났다. 아이들이 소리쳤다.

　"선생님, 어디서 똥 냄새나요~."

　우리 반 시리아인 무함마드가 손을 들고 내 곁에 와서 조용히 속삭였다.

"선생님 루이젠 화장실, 똥!"

아랍계 친구들은 자신들만의 끈끈한 유대가 있다. 무함마드가 루이젠의 대변 실수를 알고 나에게 귀띔해 주었다. 그날, 교직 생애 처음으로 '1학년 담임 교사'의 진면목을 맛보았다. 아이들에게 간단한 자율 활동을 안내한 뒤 루이젠과 교실을 나왔다. 학교에 샤워실이 없어서 화장실의 문을 걸어 잠그고 정리를 시작했다. 키가 큰 편인 루이젠의 몸은 초등학교 3학년은 족히 되었다. 다행히도 복도에서 방역 도우미를 해 주시는 선생님과 함께 루이젠의 몸을 씻기고 옷도 빨았다. 한국어 학급에 있는 비상용 옷을 챙겨 와서 갈아입혔다. 모두가 사용하는 화장실에서 구석구석 깨끗하게 씻기기는 어려운 상황이었다. 루이젠의 몸을 씻긴다고 씻겼지만, 냄새가 다 가시진 않았다.

결국, 루이젠 아버지께 전화를 드렸다. 루이젠 아버지께서는 한국어를 거의 모르시기에 함께 일을 돕는 동료가 대신 이야기를 전해 주었다.

루이젠 아버님 동료: 루이젠 학교에서 뭐 먹어요? 설사 자주 해요. 밥 뭐 나와요?

나: 루이젠, 학교에서 고기 먹지 말라고 해요. (종교적 이유)
그런데 몰래 먹을 때 있고 과자 자주 몰래 먹어요.

루이젠 아버님 동료: 고기 먹으면 안 돼요.

나: 네. 말하고 있어요.

루이젠 아버지는 상황을 전해 듣고 루이젠을 데리러 오셨다. 루이젠은 무슨 일이 있었냐는 듯 천진난만하게 웃으며 친구들과 나에게 작별 인사를 했다.

그 이후로 나는 태세를 전환했다. 루이젠이 화장실을 가겠다고 할 때 웬만하면 보내게 되었다. 다만 '몰래 간식 먹기'만은 금지다.

"선생님, 화장실."

루이젠이 수업 중에 화장실을 가겠다며 나왔다. 볼록한 주머니에서 바스락거리는 소리가 났다. 아이들 귀에도 그 소리가 들렸나 보다.

"선생님, 루이젠 주머니에서 소리 나요."

"과자는 가방에 넣고 화장실 다녀오세요."

루이젠의 귀가 빨개졌다. 눈치껏 말을 알아들은 '양 갈래 뽀글 머리 루이젠'이 나를 보며 멋쩍게 웃었다.

엄마 나라가 싫어요.

2022학년도 아이들과 교실 속 그림책 만들기 활동을 계획했다. '용기'를 주제로 창작 활동을 하기 전에 용기와 관련된 다양한 사례들을 이야기 나누며 그림책『야쿠바와 사자』[1] 용기 편을 함께 읽었다.

어떤 것이 진정 용기 있는 결정이고 행동인지 아이들과 생각해보았다. 진정한 용기를 발휘했던 경험을 포스트잇에 적고 그림으로 표현해 보았다. 용기를 발휘했던 순간에 관해 이야기하는 아이들의 눈빛에 힘이 실렸다.

---

1) 티에리 드되 글 그림, 염미희 번역, 『야쿠바와 사자1:용기』, 길벗어린이, 2011.2.1.아프리카의 작은 마을에는 전사가 되기 위해 홀로 사자와 싸워 이겨야 한다. 사자를 찾아 길을 나섰던 야쿠바는 긴 여정 끝에 사자를 만난다. 사자는 이미 사나운 적수와 밤새 싸우느라 힘이 바닥나 있다. 야쿠바는 비겁하게 사자를 이기는 대신 사자의 목숨을 살려주는 것을 선택한다. 사자를 죽인 야쿠바의 친구들은 모두 전사가 되었지만, 야쿠바는 마을 외딴곳에서 가축을 지키는 일을 할 수밖에 없었다. 그 이후 놀라운 일이 벌어졌다. 마을의 가축을 습격해 오던 사자들의 발걸음이 뚝 끊어진 것이다.

그 주의 어느 날 저녁이었다. 우리 반 유화가 카톡으로 연락을 해왔다.

'선생님! 저 사실 아동학대를 당하고 있어요. 도와주세요.'

유화는 중국에서 할머니와 함께 살다가 7살 때 한국으로 왔다. 정규수업이 끝난 후에도 교실에 오랫동안 머무르며 나와 많은 이야기를 나누던 아이다. 부모님 모두 중국인이고 어머니는 한국말을 잘하셨다. 부모는 모국에 대한 정체성이 확고하지만 어린 시절부터 한국에서 지낸 자녀는 그렇지 않다. 훈육 방식에 대한 생각도 차이가 클 수밖에 없다.

"한국인 엄마 아빠는 친절해요. 우리 엄마 아빠는 달라요."

유화는 종종 나에게 부모에 대해 불평을 하곤 했다. 카톡을 보는 순간 유화에 대해 내가 모르는 일들이 벌어진 건가 싶어 심장이 덜컥 내려앉았다. 얼른 통화했다. 문자도 주고받았다.

다음날, 유화는 책가방에 간단한 짐을 챙겨왔다. 내가 상담 선생님께 말씀을 드린 상태였기에 상담 선생님과도 많은 이야기를 나누었다. 그날 수업을 마친 후 아동학대 신고

가 이루어졌다. 금세 경찰관과 시청 조사관들이 학교에 왔다. 상황을 어떻게 아신 건지 어머니도 아르바이트하시다가 헐레벌떡 학교로 달려오셨다.

상담실에서 경찰 면담과 조사관 면담이 이루어졌다. 어머니는 유화에게 서운한 기색을 숨기지 못하셨다. 유화 또한 자기 생각과 서운한 마음을 강하게 표현했다. 유화의 몸에는 학대의 증거가 될만한 흔적이 없었다. 유화가 들려준 녹음 파일도 특별한 내용을 담고 있지 않았다.

그렇다 할 증거도 없는 상황에서, 유화가 부모의 처벌을 원하지 않는다고 했다. 어머니는 '신체적인 체벌이 있었다'라는 사실을 일부 인정하셨다. 어머니는 교육 및 상담, 유화는 관찰 및 상담 보호가 진행될 것이라고 안내했다. 하지만 여기서 끝이 아니었다. 오늘만이라도 친구 집에 가서 자겠다던 유화와 '중국 사람은 남의 집에 가서 자지 않는다'는 어머니의 의견이 팽팽하게 맞섰다. 물론 모든 중국인이 그렇진 않을 것이다.

"중국 사람은 아무 곳에서나 안 자요. 자기 집에서 자야지. 너 그럴 거면 입양시킬 거다. 내가 말했다."

어머니의 말에 유화는 다시 울음을 터뜨렸다. 모녀간 말

다툼이 계속되었다. 결국, 유화는 어머니의 뜻에 따라 집으로 돌아갔다. 오후 2시에 시작된 조사가 6시에 끝났다.

"아버지, 어머니, 여기는 한국입니다. 한국에서는 신체적 학대, 정서적 학대, 방임까지 모두 학대에 속합니다."

도움을 요청했기에 신고 의무자의 역할을 다했다. 다만 어머니는 먼저 자신에게 연락을 주지 않은 것이 못내 원망스럽고 섭섭한 모양이었다. 아무리 미약한 체벌이라도 아이가 느끼는 괴로움은 클 수 있다고 말씀드렸다. 그 일 이후로 어머니는 기관에서 지원하는 부모 교육을 계속 받게 되었다. 교장실에도 방문하셔서 교장 선생님과도 이야기 나누는 시간을 가졌다. 유화 또한 방과 후 시간을 활용해서 나와 매일 이야기를 나누고 상담 프로그램도 진행했다.
유화는 수업 시간 용기에 관해 이야기 나눈 걸 떠올렸다.

"선생님, 저 용기 있는 행동 한 거 맞죠?"
"그래. 용기 있는 행동 맞아."

힘든 마음을 털어낸 유화에게 내가 어떤 말을 더해줄 수 있을까?

다만 행복하기 위해 이국땅으로 온 한 가정의 가장과 한 아이의 어머니를 떠올려 본다. 수많은 세월, 나고 자란 자기 나라에 대해 자부심을 품고 계실 부모님. 하지만 일찍 이국땅에서 삶의 뿌리를 내린 자녀들은 부모 마음 같지 않다. 유화는 한국인 친구들과 함께하는 시간만큼 자기 나라에 대한 물음표와 부모에 대한 불만이 커졌을지도 모른다. 코로나 팬데믹으로 인해 중국에 대한 이미지가 급격히 나빠진 것도 한몫했을 것이다.

'왜 우리 엄마 아빠는 한국어를 나보다 못하지? 한국 부모님처럼 자상하지 않지? 왜 다른 친구들처럼 친구 집에 가서 잘 수 없는 거야?'

자신의 자녀가 자기 나라 국적인 것을 부끄러워하고 비방한다면? 한국 사회와 한국 문화만을 동경한다면? 그런 자녀를 바라보는 부모님의 마음을 상상조차 할 수 없다.

'외국인들' 때문에

통계청 발표에 따르면 2020년 기준 다문화 가구원 수는 106만 명으로 전체 인구의 2.1%이다. 이들 가정의 출생아 수는 전체의 5.9% 정도나 된다. 우리 사회에 뿌리를 내리고 살아가는 다문화 가족의 비중이 높아짐에 따라 정부도 다양한 '다문화 가족 포용대책'[1]을 마련했다. 그중 하나로 문화나 인종에 대한 혐오 발언을 법적으로 금지하는 방안도 추진할 예정이다.

2022년 5월, 서울의 한 주민센터 공무원이 외국인 아내

---

1) 다문화 가구 증가에 따른 인구구조 변화에 대비하여, 이들의 정착을 돕고, 문화의 다양성을 존중하는 사회적 분위기를 만들기 위해 마련한다. 정부 사업의 문화·인종 관련 차별요소 개선 및 다문화 이해 교육 내실화를 통한 다문화 수용성 증진, 성차별적 인권침해 광고행위 규제와 차별적 제도를 개선하는 등의 인권 보호 강화 및 복지 사각지대 해소, 다문화 가정 자녀를 대상으로 한 학습·진로·진학 지도를 지원하여 교육 격차를 완화하고자 한다. 또한 결혼 이민자를 위한 경력개발·취업 지원 등 다양한 영역에서 사회에 진출할 수 있는 기회를 제공하여 동등한 출발선을 보장하도록 돕는다.

를 둔 남성 민원인에게 비하 발언을 하는 사건이 발생했다. 민원인은 외국인인 부인의 이전 등록 절차를 문의하기 위해 전화를 했고, 해당 공무원은 답변 이후 전화가 끊어진 줄 알고 민원인을 "거지, 찌질이", "거지 같은 ××"라고 표현했다.[2] 다문화 가구원에 대한 혐오 발언이 녹음된 녹취 파일은 충격적이었다. 외국인이나 외국인과 결혼한 남성에 대해 좋지 않은 경험들이 누적된 결과일 수 있었다. "거지, 찌질이"로 낙인찍힌 다문화 가구원은 "한국 사회에 환멸을 느끼고 이 땅에 온 것을 후회한다"라고 말했다.

언어는 마음의 집이다.[3] 우리가 매일 사용하는 말은 자기 자신이 어떤 사람이고 어떤 사고를 하는지 말해 준다. 공무원의 다문화 구성원 비하 발언 사건과 비슷한 일들이 비일비재하다. 문화나 인종에 대한 혐오 발언을 '문제'로 인식하면서 혐오 발언 피해자들의 이야기가 세상 밖으로 흘러나오고 있다. 그런데도 이 사회의 다문화 구성원을 깎아내리는 마음은 우리 속에서 쉽게 사그라들지 않는다.

'이방인'은 '다른 나라에서 온 사람'이다. 또 다른 뜻으로는 '유대인이 선민의식에서 그들 이외의 여러 민족을 얕잡아 이르던 말'이다. 일상생활에서도 '이방인'이 되는 경험은

---

2) 「"거지·찌질이" 다문화 가정에 공무원이 막말, 국가 상대 소송」, 『YTN』, 2022.5.13.
3) 마르틴 하이데거

누구나 가지고 있다. 비 오는 날 우산을 챙겨온 부모님과 함께 걸어가는 아이들 틈에서 혼자 비를 맞으며 뛰어 본 경험, 친구들이 다 알고 있는 재미난 이야기에 끼지 못한 경험 등 우리는 이방인이 되는 순간을 수없이 겪으며 살아간다. 인간은 소외감과 외로움이라는 감정을 느끼며 살아갈 수밖에 없는 존재다.

작은 사회인 교실 속으로 시선을 돌려 보자.

우리 학교는 러시아어를 사용하는 외국인 친구들이 많다. 영지는 외국인 친구들을 '외국인들' 또한 '쟤네'라고 표현한다. 한국인 친구들에겐 각자의 이름을 부르거나 '친구들'이라고 표현하면서.

"외국인들이 자기네들끼리 너무 시끄럽게 떠들어요."
"쟤네들은 떨어뜨려 놔야 해요. 안 그러면 너무 시끄러워요. 원래 그랬어요."
"수업 시간에 자꾸 자기네 나라말로 이야기해요."

영지의 이야기를 가만히 듣다 보면 영지의 마음이 보인다. 영지는 러시아어 특유의 강세에 익숙하지 않아 러시아어를 소음으로 느낀다. 학교 수업 시간에 러시아어를 주고받으며 떠드는 외국인 학생들이 싫다. 영지의 불편함을 이해한다. 다만 나는 억지로라도 외국인 학생들을 떼어 놓는 게 맞는 것인지 고민한다. 한국인 친구들도 친한 친구들과 모여서 놀고 모국어로 대화한다. 누구에게나 공평하게 주어지는 당연한 권리를 박탈할 수는 없다.

우리나라는 결국 다문화 사회로 나아갈 것이다. 그렇기에 우리 학교 교실은 미래의 교육 현장을 미리 체험할 수 있는 곳이라고 생각한다. 전교생의 절반 이상이 다문화 학생인 학교에서 몇 년 동안이나 생활했으면서도 외국인 친구들을 타자화시키는 아이들을 만날 때가 있다. 아이들도, 교사인 나도 이 환경에 익숙해지는 데에 많은 시간이 걸리는 것이다.

교실 속 외국인 친구들이 좋아하는 음식은 무엇일까? 나와 다른 점과 같은 점은? 친구들은 어떻게 한국에 오게 되었을까? 한국에서 겪은 독특한 경험은 무엇일까? 친구가 사용하는 언어로 친하게 지내자는 말은 어떻게 해야 하나? 교실 속 아이들은 자기 곁에 있는 다문화 친구들과 이야기를 나누면서 자기 사고의 틀을 깨고 성장할 수 있는 순간들과 마주할 것이다.

체육 시간, 간단한 스트레칭 후 아이들이 좋아하는 〈교신 달팽이 놀이〉를 시작했다. 〈교실 달팽이 놀이〉는 책상을 4열로 이어 붙이고 두 팀으로 나누어 각 팀원 한 명이 양 끝에서 출발하여 가위바위보를 하는 게임이다. 양 끝에서 달려온 각 팀원이 만나 가위바위보를 하고 이긴 쪽은 계속 전진, 진 쪽은 다음 팀원이 처음부터 다시 출발하는 놀이이다.

"선생님, 1과 2분단 그리고 3과 4분단이 한 팀이 되지 말고 이번엔 다르게 나눠서 해요."

아이들 생각을 받아들여 팀을 1과 3분단, 2와 4분단으로 바꾸어 구성했다. 이렇게 나눴더니 외국인 친구들이 반반이었던 상황이 변했다. 한 팀에는 카자흐스탄인 알렉산드라만 덩그러니 남게 된 것이다. 마스크 너머 시무룩한 알렉산드라의 표정이 보였다. 외국인 친구들과 모국어로 대화하며 '소음의 주범'이 되었던 알렉산드라가 단번에 달라졌다. 게임 활동에 조용히 참여할 뿐만 아니라 대기 중에도 훨씬 차분한 모습을 보였다. 다만 즐거워 보이진 않아 마음이 쓰였다.

'같은 언어권 친구들과 마음 편하게 놀고 싶은 건 누구나 똑같지. 그건 당연한 거야.'

당연한 것을 당연하게 바라보려고 노력하는 날들이다.

3장.

도전하며

성장하는
아이들

베로니카? 베로니카!

2020년, 사상 초유의 코로나 팬데믹이 발생했다. 학교와 교실에 큰 변화가 일어났다. 원격수업 체계를 구축하느라 학교 안은 매일 소리 없는 전쟁이었다. 늦춰진 개학일로 학사 일정이 뒤틀렸고 원격수업에 대비해 갖추어야 할 것들을 준비했다. 원격수업을 위한 프로그램을 준비하고, 콘텐츠를 개발하며 이를 활용하는 데에 힘을 쏟았다. 우리 학교는 1~2학년은 매주 등교, 3~6학년은 격주로 등교와 원격수업을 했다.

교실은 개학 이후에도 원격수업으로 텅 비어있을 때가 많았다. 의사소통이 원활하지 않은 외국인 학생들이 많아 학생 관리에 어려움이 컸다. 한국어 의사소통 능력이 미흡해도 등교만 한다면 친구들의 도움이나 교사의 1대 1 피드백을 외국인 학생들에게 지원할 수 있다. 하지만 원격수업은 한국어에 취약한 학생들이 다루기 어려운 프로그램들을 사용하는 경우가 많다. 외국인 학생들의 원격수업 참여율은 저조할 수밖에 없었다. 프로그램 적응 기간이 끝난 후 탑재된 콘텐츠를 확인하긴 했지만 질적인 이해도는 확연히 떨어졌다. 다국어로 콘텐츠를 제작, 지원하는 데에는 한계가 있었기 때문이다. 이런 어려운 상황에도 불구하고 한결같은 성실함으로 원격수업에 참여했던 학생이 있었다.

베로니카. 베로니카는 우즈베키스탄에서 할머니와 함께 살다가 11살에 한국에 왔다.

"원래 할머니의 부모님이 한국 살았어요. 그래서 할머니 집에서 살 때 한국어 조금 공부했어요."

부모님이 한국에 먼저 와서 기반을 잡는 동안 베로니카는 우즈베키스탄의 지역 센터에서 한국어를 조금씩 공부했다고 한다. 한국에 와선 3학년 2학기로 입급했다. 자신의 나이보다 1살 어린 동생들과 함께 공부하게 되었다.

2020년 3월, 베로니카가 갓 5학년이 되었을 때였다. 등교가 계속 연기되다 등교수업과 원격수업을 병행하는 상황이 지속되었다. 우리 학교는 학년군별로 돌아가며 격주 등교가 이루어지고 있었다. 등교수업 때 베로니카가 조용히 나에게 다가와 자신의 상황을 털어놓았다.

"선생님, 저 엄마 많이 아파요. 암이에요. 수술해야 해요.
자궁 잘라내요. 제가 병간호해야 해서 원격수업 늦을 수도
있어요."
"수술 들어갈 때 아빠 울었어요. 나도 울었어요."

부모님과 함께 지낼 수 있어서, 또 한국이 너무 좋아서 항
상 즐겁게 학교생활을 해나가던 베로니카였지만 엄마가 암
으로 수술을 받아야 하는 상황은 감당하기 어려웠을 것이
다. 그럼에도 불구하고 베로니카는 씩씩했다. 베로니카는
종종 병실에서 쌍방향 원격수업에 참여하곤 했다. 지각은
해도 절대 수업에 빠지는 일이 없었다. 어려운 내용이 있으
면 적극적으로 도움을 요청했다. 많아진 과제도 빠짐없이
제출했다. 그러면서도 한국말을 제대로 못 하시는 부모님
을 위해 통역사 역할을 자청했다. 병실 환우들, 보호자들,
의료진들의 칭찬을 한 몸에 받았다. 다행히 베로니카의 어
머니는 수술을 잘 받고 건강한 모습으로 퇴원하셨다.

그 해, 나는 타지에서 전근해 온 데다 새로운 학교에 적
응하느라 바빴다. 엎친 데 덮친 격으로 코로나 상황까지 더

해져 학급경영과 주어진 업무 이외의 일을 동시에 해낼 여력이 없었다. 그러던 중 〈이중언어 말하기대회〉[1] 공고가 떴다.

〈이중언어 말하기대회〉는 매해 다문화 학생을 대상으로 열린다. 이 대회는 자신의 이야기를 모국어와 한국어로 외워서 각각 3분 내외로 발표한다. 코로나로 이 대회마저 많은 변화가 있었다. 일부 과정이 비대면으로 진행되고 예선전은 녹화 동영상, 본선은 대면으로 교육청에서, 전국대회는 각 교육청 제공 장소에서 쌍방향 원격 형태로 이루어질 예정이었다. 학생을 지도해서 대회에 출전한다는 것 자체가 부담이었다. 무엇보다 전례가 없던 형태로 진행되는 대회라 맨땅에 헤딩하는 심정이었다. '설마, 이 시국에 하려는 아이가 있겠어? 원고를 다 외워서 해야 하는데.' 하는 마음으로 학생들에게 참여 의사를 물었다.

"〈이중언어 말하기대회〉 참여할 학생 있나요? 자신의 이야기를 한국어와 자기 나라말로 외워서 발표하는 거랍니다."

---

1) 다문화 학생의 정체성 확립과 이중언어 학습을 장려하고 지속적인 강점 개발을 도모하기 위해 2013년부터 시행한 전국단위 대회다. 초·중·고등학교에 재학 중인 다문화 학생을 대상이며 17개 시·도의 예선전을 통한 대표 선발 후 본선전을 치른다.

역시 아무도 희망하는 아이가 없었다. 그런데 그날 방과 후 베로니카에게서 연락이 왔다.

"선생님, 저 하고 싶어요. 엄마 기쁘게 해 주고 싶어요."

베로니카가 어떤 마음으로 엄마를 생각하고 있는지 누구보다 잘 알고 있었다. 그런 아이에게 '여러모로 힘들 것 같아. 하지 말자'라고 말할 교사는 아무도 없을 것이다.

그렇게 자신의 자리에서 매 순간 열정을 다하던 베로니카는 나와 함께 〈이중언어 말하기대회〉에 출전하게 되었다. 시나리오 만들기부터 시작했다. 베로니카와 가족들이 한국에서 겪은 일화나 병동 생활과 관련된 이야기를 나누며 대회 시나리오를 만들어나갔다. 한국에 오게 된 배경, 어머니의 병동 생활에서 통역사 역할을 했던 경험, 같은 병실에 있었던 환자들, 보호자들과의 에피소드 등을 녹여 3분가량의 시나리오를 완성했다. 한국어 시나리오를 러시아어 시나리오로 자연스럽게 번역하는 일은 한국어 학급 선생님께 부탁드렸다.

그런데 이 긴 시나리오를 어떻게 외운담. 그것도 아직 한국어가 유창하지 못한 베로니카가 가능할까? 물음표가 달렸다. 시나리오를 쪼개어 녹음했다. 그 파일을 베로니카가 반복해서 들으며 연습할 수 있도록 했다. 연습이 끝나면 영상으로 찍어 제출하면 된다. 영상을 찍는데 이 정도면 됐지 싶었으나 베로니카는 만족스러워하지 않았다.

"선생님, 한 번 더 해 볼게요. 다시 찍고 싶어요."

베로니카의 열정은 영상 제출 마감날까지 이어졌다. 그렇게 만들어서 제출한 영상으로 예선을 통과했다. 본선은 교육청에서 대면으로 시행했다. 베로니카는 전통 의상이 불편해서 평상복을 입고 발표하겠다고 했다. 순서를 기다리는 참가자 모두 전통 의상을 입은 것을 보고 나서야 급하게 전통 의상으로 옷을 갈아입었다. 발표 순서가 되었다. 객석에서 베로니카의 발표 장면을 영상으로 찍는 내 손이 떨렸다. 베로니카는 의연하고 여유 있는 태도로, 마지막까지 모두 잘 해냈다.

"선생님, 저 1등 했으면 좋겠어요. 그렇게 되면 엄마가 너무 기쁠 것 같대요."

결과는 어떻게 되었을까?
세상에! 도 대회 1등이었다!

도 대회 1등으로 전국대회에 출전한다는 소식에 학교 선생님들도 모두 기뻐했다.

학교 정문에 커다란 현수막이 걸렸다. 현수막이 걸린 날, 베로니카가 현수막 사진을 보내왔다.

"선생님, 이거 봐요! 너무 기뻐서 심장 떨렸어요. 엄마한테 보냈어요. 엄마 너무 기쁘대요."

베로니카는 마지막 관문인 실시간 비대면 〈전국 이중언어 말하기대회〉에 출전했다. 나는 전국대회의 발표 순서를 기다리는 대기실에서 베로니카에게 러시아어를 배웠다. 기다리다 지겨울 때면 우리는 수첩에 장난스러운 낙서와 편지도 썼다. 긴 기다림 끝에 베로니카는 자신감 넘치는 태도로 발표를 마쳤다. 결과는 동상(교육부 장관 표창)이었다! 나보다 낫다는 말이 절로 나왔다.

내 작은 수첩에는 여전히 베로니카가 적어준 1에서 10까지의 러시아어가 적혀 있다.

숫자들을 읊으면 즐거웠던 그 날이 두둥실 떠올라 웃음이 난다.

1 = 오진 один
2 = 드와 два
3 = 드리 три
4 = 제드리 четыри
5 = 뱇 пять
6 = 세스지 шесть
7 = 셈 семь
8 = 워세 восемь
9 = 제뱟 девять
10 = 제삿 десять

용기 있는 도전,
그 자체가 아름답다.

　작은 학교는 교사 수가 적다. 그렇기에 교사마다 추진해야 하는 업무는 큰 학교와 대비하여 많을 수밖에 없다. 맡은 업무 중 하나가 학생 자치활동이었다. 학생 봉사위원 선출, 학생자치회 활동 계획, 전교 학생자치회 임원 선출 등의 업무가 여기에 속했다.

　전교 학생자치회 임원 선거는 1년간의 학생 자치활동 대미를 장식하는 학사 일정이다. 2020년, 코로나라는 특수 상황으로 선거 벽보 외에는 선거 운동을 전혀 할 수 없었다. 우리 학교의 경우 방송실에서 후보자 연설 생방송 진행도 불가능했다. 방송실과 이어진 공간이 등교 시 유증상 학생들의 임시관찰실이었기 때문이다. 후보자 연설도 동영상으로 제작, 편집하여 각 교실에서 시청하는 방식으로 진행되었다.

　코로나로 인해 학교생활에 제약이 많았다. 전교 학생자치회 임원 선거에 출마하는 학생들 또한 적을 것이라 걱정했다. 다행히 5학년 부회장 후보로 8명의 학생이 출마 희망 신청서를 제출했다. 반면 전교 회장 출마 희망 학생은 단 1명이 나왔다. 이렇게 되면 무투표로 전교 회장은 선출할 수 있지만 6학년 전교 부회장의 자리가 공석이 되기에 문제가 되었다. 전교 학생자치회 부회장은 5학년과 6학년이 각각 1명씩이기 때문이다. 5학년 담임 교사들은 내년 6학년이 되는 학생들에게 최대한 전교 회장 출마 희망 학생들이 많이 나올 수 있도록 학생들에게 출마를 권장해야 하는 상황이 되었다. 전교 학생자치회 담당자이기도 했고, 곧 6학년으로 올라가는 학생들을 지도하는 5학년 담임 교사이기도 했기에 아이들에게 열심히 홍보했다.

"우리 반에 용기 있는 우현이가 회장 출마 신청서를 제출했습니다. 초등학생 시절의 마지막 시기인 6학년이 될 여러분, 출마를 고민 중인 친구가 있다면 용기 있게 전교 학생자치회 회장에 도전해 보는 건 어떨까요? 도전해서 실패하더라도 도전해 보지 못해 후회하는 것보단 훨씬 멋진 경험이 될 거에요."

우리 학교는 다문화 배경을 가진 학생들이 많다. 그런데도 다문화 학생이 전교 학생자치회 회장으로 선출된 예는 없었다. 다문화 학생 과반수 학교라는 타이틀에 어울리게 다문화 배경의 학생들이 학교생활에 좀 더 적극적으로 참여했으면 바랐다. 학교의 학생자치회에 조연이 아닌 주연으로서 자신들의 생각을 활발하게 표현하고 주요한 역할들을 맡으면 좋겠다고 생각했다.

적극적인 홍보가 아이들의 마음을 움직인 걸까? 반가운 신청서가 들어왔다. 우리 반 지혜와 주현이가 출마 의사를 밝힌 것이다. 두 아이는 모두 예의 바르고 학업에도 열심인 친구들이었다. 다만 지혜는 이혼한 필리핀 어머니와 함께 생활하면서 가정의 지원을 제대로 받지 못하는 형편이었다. 주현이는 필리핀 어머니와 한국인 아버지 사이에 태어난 아이로 늦은 나이에 한국에 와서 한국말이 아주 서툴렀고 또래보다 2살 많았다.

후보자 신청을 한 두 아이에게 선거 벽보와 영상 제작에 대해 안내했다. 먼저 회장 후보 신청을 했던 우리 반 우현이는 혼자 척척 선거 벽보를 만들고 영상까지 찍어 제출했다. 반면 지혜와 주현이는 벽보 제출 마지막 날까지 제대로 준비를 하지 못했다. 벽보 제출 마지막 날, 지혜와 주현이에게 4절지 규격의 종이를 준비해 오라고 했다. 방과 후, '공약'이 무엇인지 알려주고 자신만의 공약을 정리하도록 했다. 아이들이 정리해 온 공약 중 한글 맞춤법이 틀린 부분을 교정해 주자 아이들이 벽보를 만들기 시작했다.

우여곡절 끝에 벽보 게시가 끝났다. 선거 벽보를 붙이고 후보자 연설 영상 제작을 위해 지혜와 주현이를 만나기로 한 날, 지혜 어머니로부터 연락이 왔다.

"선생님, 지혜가 선거 걱정 때문에 힘들어요. 우울증 있어요. 선거 안 나가요."

어머니께서는 서툰 한국말로 나에게 지혜의 상태를 전해주셨다.

"그랬군요. 지혜랑 이야기해보겠습니다"

지혜는 학교에서는 늘 모범적이고 모두에게 친절한 아이다. 하지만 집에서는 간혹 밥도 안 먹고 온종일 누워서 우울해할 때가 있다는 것을 알고 있었다. 보호자는 어머니뿐인데 어머니는 생계 때문에 밤늦은 시간이 되어서야 집에 오셨다. 쌍둥이 여동생을 홀로 챙기며 지내야 하는 일상이 5학년 아이에겐 큰 부담감과 괴로움이었을 것이다. 설상가상 코로나로 인해 열심히 다니던 공부방도 잠정적으로 그만둔 상태라 외부와의 교류도 없었다. 지혜의 우울감은 더 커졌을 것이다. 지혜는 전교 임원 후보자 신청을 하면서도, 선거 벽보가 게시된 후 많은 생각을 했을 것이다. 막상 선거 벽보가 붙고 나니 두려움도 커지고 그만큼 심리적으로 위축되면서 부정적인 생각들이 꼬리에 꼬리를 물었을 것이다. 마음이 짠했다.

지혜 어머니와 통화를 끝낸 뒤 지혜에게 전화했다. 지혜는 걱정 때문에 우울한 마음을 떨칠 수가 없었다고 했다.

"너무 마음이 힘들어요. 그만하고 싶어요."

"지혜야. 네 마음이 힘들다면 여기까지만 하자. 지금까지 온 것만도 대단한 거야."

"선생님, 죄송해요…."

"아니야. 용기 내 줘서 고마워. 수고했어."

그렇게 지혜의 도전은 끝이 났다.

이번엔 주현이다. 주현이는 의외로 당찬 구석이 있었다. 또래보다 2살 많아 성숙한 면도 있었다. 서툰 한국 발음에도 불구하고 주눅들지 않았다. 수업 시간에도 허투루 시간을 보내지 않고 모르는 것을 질문하고 자기 생각을 자기만의 방식으로 표현했다. 남보다 몇 배의 시간이 걸려도 어떻게 해서든 학업에 최선을 다했다. 하지만 영상 제작이나 대본 쓰기는 다른 문제였다. 도움이 많이 필요했다.

"주현아, 친구들에게 어떤 말을 해 주고 싶어요? 그걸 간단
히 적어와 볼래요?"

주현이가 적어온 말들은 지레짐작으로만 이해 가능한 수준이었다. 하지만 그 글에는 진솔함이 담겨 있었다. 다른 후보자들의 이상적인 공약들보다 더 마음을 울리는 공약들이었다. 시나리오를 다듬었다. 완성된 시나리오를 외우는 것도 힘들었다. 부분마다 내용을 확인하면서 영상 녹화를 마무리했다.

지혜의 포기선언으로 전교 회장 후보 출마자가 3명에서 2명으로 줄어든 상황. 전교 임원 선거 결과 우현이는 60% 가량, 주현이는 40% 가량의 표를 획득하면서 우현이는 전교 학생자치회 회장, 주현이는 6학년 전교 학생자치회 부회장으로 선출되었다! 도전만으로도 큰 성과를 이루었다.

주현이의 성과는 여기서 끝나지 않았다. 전교 학생자치회 회장으로 선출되었던 우현이가 갑작스럽게 경기도로 전학을 가게 되었다. 이에 6학년 전교 학생자치회 부회장으로 선출되었던 주현이가 우리 학교 전교 학생자치회 회장이

된 것이다! 용기 있는 도전이 우리 학교 역사상 첫 다문화 배경 전교 학생자치회 회장을 만들었다. 주현이의 전교 학생자치회 임원 도전기는 이렇게 하여 '전교 학생자치회 회장 당선'이라는 기염을 토했다.

2021학년도 6학년 전교 학생자치회 회장이 된 주현이는 모범생이자 어려운 친구들을 배려하고 도와주는 선배로 선생님들 사이에서도 칭찬이 자자하다. 한국어는 좀 서툴지만, 친구들과 스스럼없이 어울리며, 선생님들께 밝게 인사한다. 코로나로 인해 특별히 전교 학생자치회 활동을 활발히 해나갈 순 없지만 내가 바라보고 있는 주현이는 이전보다 더 멋지고 적극적인 리더의 모습을 보여주고 있다.

용기란 무엇일까?『미덕의 보석』중 하나인 '용기'는 이렇게 정의되어 있다.

'두려움 앞에 당당히 맞서는 것'

누군가가 말했다. 용기란 두렵지 않은 것이 아니고 두려움에도 '불구하고' 행동하는 것이라고. 도전했다가 중도에 어쩔 수 없이 포기한 지혜, 도전해서 전교 학생자치회 회장이 된 주현이, 둘 모두에게 힘찬 박수를 보낸다. 용기 있는 도전, 그 과정 자체가 아름답기에.

다문화 부문 특별상의 추억

"계속 그리다 보니까 실력도 늘고, 그러다 보니까 인기가 많죠. 피곤해 피곤~ 이놈의 인기가."

다큐멘터리 영화 〈니 얼굴〉[1]의 은혜씨가 너스레를 떨며 뱉은 말이다. 은혜씨는 발달장애가 있다. 사회복지관 청소일과 문호리 리버 마켓 캐리커처 작가로 활동하며 매일매일 바쁘고 즐겁게 살아간다. 리버 마켓에서 꾸준히 사람들의 얼굴 사진을 찍고 그 사진을 보며 그림을 그린다. 은혜씨는 해를 거듭할수록 캐리커처 그리는 속도가 빨라진다. 어머니의 첨삭 및 조언, 은혜씨 자신의 끊임 없는 노력 덕분이다.

---

[1] 다큐멘터리, 개봉 2022.6.23. 2021년 제18회 서울국제환경영화제 수상작, 발달장애(다운증후군)가 있는 주인공이 양평의 문호리 프리마켓에서 사람들의 캐리커처를 그려주며 보내는 하루하루를 담아낸다.

"옛날엔 천천히 그렸었는데 지금은 빨라졌네요."

4학년 아이들과 한 학기 동안 좌충우돌 시 쓰기를 했다. 1학기 프로젝트 학습 주제를 〈한 스푼 시 짓기〉로 정하고 꾸준히 창작 활동을 이어갔다.

그림책 『꼬마 시인의 하루』[2]는 꼬마 시인이 시를 쓰기 위해 사색하는 과정이 담겨 있다. 꼬마 시인은 엄마의 잔소리를 뒤로하고 산책하러 나가 들판에 핀 꽃과 흘러가는 구름을 바라본다. 오리 가족들을 보며 사색에 잠기기도 하고 알 수 없는 미래를 상상하기도 한다. 시를 막상 쓰려고 하자 배가 고프다. 달콤한 음식들을 먹다가 또 시간이 간다. 밤잠 들기 직전이 되어서야 시 한 편을 완성한다. 자신이 보고 느꼈던 것들이 시가 된다. 아이들에게 이 그림책을 읽어주며 주인공은 바로 '여러분'이라고 말했다. 한 학기 만의 프로젝트, 어린이시집 출간의 경험을 넘어 매일 사색하고 쓰는 삶을 살았으면 하는 바람이 있었다.

2학기가 되고 나니 시 쓰기 활동에 그만큼의 품을 들이기가 어려웠다. 아이들이 시 쓰는 삶과 멀어지는 것이 아쉬웠다. 그러던 중, 우리 지역에서 열리는 〈전국 글짓기 대회〉

---

2) 장혜진, 『꼬마 시인의 하루』, 북극곰, 2021.4.14.

공고가 눈에 들어왔다. 마감이 이틀 남은 상황이었다. 포기하기엔 아까웠다. 이 기회를 빌어 다시 시 쓰기에 동기를 부여할 수 있을 것 같아 아이들에게 도전 의사를 물었다. 생존 수영 교육으로 연이어 스포츠 센터에 가던 기간이었지만 아이들은 생각보다 흔쾌히 공모전에 도전해 보겠다고 의견을 모았다. 주어진 주제 중 하나를 골라 짧은 시간에 집중해서 시를 썼다. 시는 '토해내듯이 쓰는 것'이라고 말해주곤 한다. 그만큼 아이들은 마음에 있는 것들을 금방 토해냈다. 아이들이 쓴 시를 맞춤법만 수정해서 지정용지에 반듯한 글씨로 다시 옮겨 적도록 도왔다. 지역에서 개최하는 전국대회라 직접 찾아가 마감 날짜에 맞출 수 있었다. 접수 창구 관계자가 학교를 확인하시더니 반색했다.

"합성초등학교네요. 다문화 학생들은 다문화 부문에 따로 제출하시면 더 유리할 것 같네요. 상대적으로 제출 인원이 적습니다."

잠깐의 고민 끝에 해당 학생들의 시는 다문화 부문에 제출했다.

'좋은 결과가 있으면 참 좋겠다.'

공모전 결과 발표날, 공모전 주최 홈페이지 공지사항을 확인했다. 손이 떨렸다. 다문화 부문 수상자 명단에 우리 반 4명의 친구 이름이 올라 있었다!

주최 측에서 학교로 시상식 참여 공문을 보내주었다. 평일 오전 시간이라 수업이 있어 내가 직접 참여하지 못하고 대신 오전 수업이 없으셨던 교과 전담 선생님께서 함께 해주셨다. 시상식에 참여한 후 학교에 돌아온 아이들이 꽃다발과 상장을 품에 안고 환하게 웃었다.

"선생님, 이런 경험은 태어나서 처음이에요. 기념사진도 찍고 기사도 날 거래요."
"엄마 아빠가 너무 기뻐했어요. 저 자신이 자랑스러워요."

수상하지 못한 아이들도 친구들의 상장과 상품, 꽃다발을 부러운 듯 바라보며 축하의 말을 아끼지 않았다.

"다른 대회 또 없어요? 또 도전해 보고 싶어요."

일과가 끝난 후 아이들과 함께 시상식에 참여했던 교과 전담 선생님께서 메신저로 '제법 큰 행사더라고요. 아이들이 너무 행복해했어요.'라는 글과 함께 아이들 시상식 사진을 보내주셨다. 어른들 틈, 꽃다발과 상장을 손에 든 채 해 맑게 웃는 아이들 뒤로 눈부신 햇살이 쏟아지고 있었다.

영화 〈니 얼굴〉에서는 은혜씨가 그림 그리기에 몰두하는 장면이 자주 등장한다. 은혜씨는 손이 퉁퉁해질 정도로 추운 겨울 날씨에도 성실하게 그림을 그린다. 꾸벅꾸벅 졸다가도 자기 뺨을 툭툭 때리며 그림을 완성하려고 애쓴다. 그 모습은 아이들이 시를 토해낼 때의 모습과 많이 닮았다.
아이들의 도전은 쓰는 삶을 통해 계속될 것이다.

꿈속에서

꿈에서
내가 빵을 만든다.
그런데
어떤 손님이 와서
빵을 던지고
카드를 던진다.

꿈이지만 기분이 상한다.
손님이라도
힘들게 일하는 사람한텐
그렇게 안 하면 좋겠다.

나는 예의 없는 행동은
안 할 거다.

<수상작품 중 외국인 친구의 시>

그림책 만들기 프로젝트
<우리의 나라>

2022학년도, 시·군간 공동교육과정을 운영했다. 공동교육과정이란 '교육과정을 운영하는 둘 이상의 교사들이 공동의 교육 목표를 갖고, 학생들의 차별화된 배움을 위해 재구성한 공동의 교육과정'이다. 단위학교 내, 인근 학교 협력, 큰·작은 학교 협력, 학교급 간 협력, 학교-마을 협력, 국내-해외 학교 협력, 메타버스 활용 등의 형태가 있으며 교사는 교육과정을 설계하고 실천하는 과정에서 '고립'보다는 '연결'의 가치를 추구하게 된다.

타 시·군에 있는 같은 학년 선생님이 <그림책 만들기>를 주제로 함께 해 보자고 제안했다. 그림책 창자과 괸련된 책을 여러 권 읽고 연수도 들었지만 쉽게 도전해 보지 못하고 있던 터였다. 공동교육과정을 함께 설계하고 조금씩 실행해 나갔다. 1학기에는 '광주실천교육교사모임[1]'을 통해 '용기'라는 주제로 우리 반 그림책 만들기 프로젝트에 참여해 보기도 했다.

도전은 용기가 필요하다. 한편으로 도전은 용기를 준다. 공동교육과정 운영 예산으로 다양한 미술 재료들을 살 수 있었다. 아이들은 낯선 재료들로 자신의 상상을 표현하는 작업에 푹 빠졌다. 어떤 이야기를 만들고 싶은지 뼈대를 잡고 이야기의 흐름을 계획했다. 대략적인 그림과 글을 담은 스토리보드를 함께 보며 피드백했다.

학급 구성원 모두가 함께 참여하는 활동이었지만 그림 그리기나 글짓기에 관심이 없는 아이들에게는 부담스러울 수 있었다. 이야기 만들기가 부담스러운 아이들에게 동기를 부여하며 창작의 과정을 완주할 수 있도록 응원했다. 그림을 잘 그리는 것도 좋지만 그보다 중요한 것은 작가의 개성이며, 글이 담지 못하는 부분을 담아낼 수 있으면 좋다고 안

---

1) 현장의 실천을 바탕으로 한 교원 단체로 교사들이 교육정책의 단순한 소비자나 집행자가 아닌 당당한 생산자이자 개발자임을 강조하며 약칭은 '실천교사'다. 핵심가치는 나눔, 성장, 변화, 실천으로 교사들의 교육 실천과 연구를 공유하고 이를 바탕으로 교육 전문성의 함양을 지원한다. 또한 각종 교육·학술 자료를 개발하고 공유하여 교육 현장에 기반한 실천 교육을 발전시키고, 이를 위한 교육 정책을 개발·제안함으로써 공교육이 올바른 사회적 역할을 담당할 수 있도록 하는 것을 목적으로 한다. 실천 프로젝트 중하나로 광주실천교육교사모임에서 〈그림책 대축제 프로젝트〉 일환으로 매해 가치 그림책 만들기를 진행한다.

내했다. 아이들은 스토리보드를 짜면서 여러 차례 수정 작업을 하며 창작의 고통을 맛보았다.

혼자선 도저히 못 하겠다는 아이들, 한국어 학급 수업 때문에 활동에 전적으로 참여하지 못하는 아이들이 있어 '1인 1 그림책'을 목표로 했던 계획을 변경했다. 협동 작품을 희망하는 아이들은 팀을 구성하여 함께 이야기를 만들고 원화 작업을 이어갔다. 외국인 친구 중에서도 한국어로 소통이 어렵거나 그림 그리기에 부담을 느끼는 친구들 5명은 의견을 조율하여 〈우리의 나라〉라는 주제로 원화를 완성해 갔다. 아이들은 재미있고 기상천외한 이야기, 자신의 상황과 고민, 관심사가 반영된 이야기들을 담아냈다.

공동교육과정에 함께한 학교는 군·면에 있는 작은 학교로 교실에 4명의 학생이 있었다. 실제로 만나기가 어려워 코로나 상황에서 자주 활용했던 지역교육청 쌍방향 원격수업 지원시스템을 활용했다. 아이들은 쌍방향 원격수업이 있는 날을 손꼽아 기다렸다. 내가 아는 세상 밖에 또 다른 세상이 있다는 것을 화면 너머 친구들과 친구들의 교실을 보며 알게 되는 유의미한 경험이었다.

원화 작업 속도는 아이마다 천차만별이었다. 편집 작업은 오롯이 교사의 역할이라 정해놓은 기한까지 책을 받기 위해 에너지를 쏟았다. 아이들 원화를 받아 스캔하고 원화에 들어갈 글도 피드백하며 편집했다. 먼저 제출한 아이의 작품을 편집하는 데 많은 시간이 소요되었다. 작업이 점점 익숙해졌고 속도가 붙기 시작했다.

마침내 아이들의 그림책이 도착했다. 원격으로 만난 아이들이 자신들의 작품을 소개하는 출판 기념회도 진행했다.

"책이 뚝딱뚝딱 만들어지는 줄 알았는데 이야기 고치는 것, 그림 그리는 게 생각보다 힘들기도 했어요. 그래도 한 권의 그림책이 완성되고 그걸 받아보니 진짜 보람차요. 내년에도 또 만들어 보고 싶어요."

소감을 발표하는 아이들의 눈에 반짝 빛이 났다. 모든 그림책은 개성이 있고 재미있었다. 그중 단연 몰입도가 있었던 그림책은 외국인 친구들이 함께 작업한 『우리의 나라』다. 이 그림책은 러시아, 우즈베키스탄, 카자흐스탄 국적의 아이들이 모국에서의 추억을 모은 책이다. 한국인 아이들의 그림체와 확실한 차별점이 있었다. 우리 반뿐만 아니라 공동교육과정을 함께 했던 타 시·군의 학교 학생들에게도 강한 인상을 남겼다.

자신의 이름이 새겨진 책을 받아든 아이들의 표정을 잊을 수 없다. 그림책 만들기를 하며 질리도록 본 그림과 글일 텐데도 꼭 처음 보는 것인 양 자세히 들여다보던 아이들의 눈. 자신도 모르게 올라가던 입꼬리. 작고 크게 터져 나오던 탄성. 예술가는 먼 곳에 있지 않았다.

4장

관계
맺으며

성장하는
아이들

놀기 위해 태어난 아이들,
날개를 달다.

2020년 시작된 코로나 팬데믹은 학교생활에 많은 변화를 일으켰다. 일과 운영은 학교마다 조금씩 달랐지만, 대부분 학생들이 교실에서 머무는 시간을 최대한 줄이는 방향으로 조정되었다. 교시별 40분 수업에서 35분 수업으로 단축되는 시기도 있었다. 쉬는 시간 10분을 5분으로 줄였고 매일 있는 중간놀이 시간 20분도 사라졌다. 시시때때로 변하는 교육부 지침에 따라 1, 2학년은 등교수업을 강행하기도 했다. 다만 20명가량의 학생이 밀폐된 교실에서 머무는 위험을 감수해야 했기에 블록타임제를 실시했다. 두 개의 교시를 하나로 묶어 쉬는 시간을 최대한 줄였다. 4교시 후 식당에서 점심을 먹고 나머지 일과 운영을 마친 뒤 하교하던 것과는 달리 모든 수업이 끝난 뒤에 점심을 먹고 바로 하교하기도 했다. 점심시간을 일과 운영 중간에 놓게 되면 결국 아이들은 '여유 시간'만큼 바이러스 감염에 노출되는 셈이었다.

　제대로 쉬지 못하고 중간놀이 시간마저 사라진 교실을 상상해 보라. 그것은 교사에게도 학생들에게도 가혹하다. 학교는 잘 배우고 잘 놀기 위해 오는 곳이다. 특히 초등학생들은 친구들과 노는 것이 좋아서 학교에 오는 경우가 많다. 그런데 거리 두기로 짝없는 생활을 했다. 대화를 줄여야 하는 상황이 지속됐다. 그동안 아이들은 얼마나 힘들었을까? 교사 또한 그런 아이들을 지켜보며 수업하기 쉽지 않았다.

　기초 생활 교육에도 어려움이 있었다. 아이들은 자기 자리 정리 이외 학급 구성원의 역할을 감당할 수 없었다. 등교한 아이들은 빠듯한 학교 일과를 소화해내기에 바빴다. 바이러스 창궐로 교실의 물건을 함부로 만지거나 정리할 수 없었다. 교실 속 1인 1역할 활동은 한참 동안 진행하지 못했다.

　코로나 3년 차, 팬데믹 사태는 끝나지 않았지만, 점점 일상을 회복하고 있다. 다만 일상 회복으로 일과 운영이 정상화되면서 교사들은 걱정이 앞섰다. 좁은 공간에 많은 아이가 오랜 시간 머물러야 한다는 부담감이 컸다. 반면 아이들은 행복함을 넘어 설레기까지 하다며 친구들과 놀이할 시간이 생겼다는 기쁨을 감추지 못했다.

'설렌다. 내일부터 중간놀이 시간과 점심시간 친구들이랑 놀 시간이 생긴다.'

아이들은 신이 났다. 놀 권리와 쉴 권리 보장을 위해 쉬는 시간 10분, 중간놀이 시간 20분이 원래 자리를 찾았다. 점심시간 또한 일과 중간으로 들어오면서 아이들의 자유놀이 시간이 많아졌다.

수업을 35분에서 40분으로 정상 운영하니 학습 활동에서 피드백 시간이 길어져 좋았다. 또한, 쉬는 시간이 길어져 교사도 숨을 돌리고 다음 수업을 준비할 수 있는 여유가 생겼다. 아이들이 중간놀이 시간과 점심시간, 교실이나 운동장에서 신나는 놀이로 에너지를 풀고 나니 수업 집중력이 높아졌다. 급식 시간을 조정해서 거리 두기를 하며 앉아 식사하던 식당 풍경도 달라졌다. 한 칸 옆에 친구가 앉으니 처음에는 뭔가 이상하다고 말하던 아이들이 너나 할 것 없이 수다 삼매경이기도 했다.

친구와 이야기하고 싶은 그 마음을 어찌 말릴 수 있으랴. 일상 회복 이후 식당은 이전보다 훨씬 더 시끄럽고 북적거리지만 그만큼 생기가 넘친다. 빠듯한 일과를 마치고 방과 후 수업을 하고 나면 바로 하교하던 아이들의 흥이 대폭발했다. 아이들은 놀기 위해 이 세상에 왔다는 말을 몸소 보여주었다. 쉬는 시간은 다음 수업을 준비하고 화장실을 다녀오는 시간이라고 이야기를 해 줘도 그 몇 분의 시간을 허투루 보내지 않고 논다. 중간놀이 시간 20분과 점심시간은 운동장에서 신나게 땀을 빼고 논다. 흐린 날씨로 인해 교실 활동을 해야 할 때는 의자 술래잡기를 한다.

TV나 다문화 관련 서적들을 접할 때면 마음이 불편할 때가 있다. 매체에 등장하는 다문화 아이들은 대체로 주류가 아닌 비주류로 묘사된다. 학교에서도 친구들로부터 소외되고 늘 주눅 들어있는 모습으로 비춰진다. 매체가 그렇게 다루는 이유는 대부분 공동체 구성원 중 다문화 학생의 비율이 낮기 때문일 것이다. 전교생 과반수가 다문화 학생인 우리 학교는 다문화 학생이 '다문화'라는 이유로 따돌림을 받거나 소외되지 않는다. '다문화'라는 배경이 전혀 특이하거나 특별하지 않다.

오히려 같은 언어를 사용하는 외국인 친구들끼리 무리를 형성하는 경우가 생길 정도다. 특히 우리 학교는 러시아어가 모국어인 친구들이 많다. 언어가 소통의 기본 전제다 보니 교실에서도 자기들끼리 소통하려 한다. 방과 후에는 학년 상관없이 운동장과 복도 여기저기에서 무리를 형성하며 논다. 그런 모습을 보고 있으면 여기가 한국인지 외국인지 모를 정도다. 코로나로 인해 활동 제약이 많아지자 몸으로 놀 시간이 사라진 만큼 더 양극화된 관계 형성을 보였던 터다.

그래서 우리 학교에서는 특히 쉬는 시간과 놀이 시간이 매우 중요하다. 모국어가 다른 외국인 친구들과 한국인 친구들이 비언어적인 방법으로 어울리며 교감할 수 있는 시간이기 때문이다. 일상 회복 후 몸으로 하는 놀이 시간이 늘어나자, 우리 반 6명 중 3명의 외국인 친구들이 한국인 친구들과 함께 어울려 놀기 시작했다. 학교 전체를 누비며 술래잡기하는 것은 얌전히 대화만 나누는 상황보다 서로 간 언어 장벽이 낮아진다.

"드미트리, 오늘은 너 술래할 차례다!"
"선생님, 오늘 보리스도 술래잡기 같이했는데 달리기가 진짜 빠르더라고요."
"올가 목소리 진짜 큰 거 아세요??"

교실에선 조용한 드미트리, 보리스, 올가의 새로운 모습을 발견한다. 너나 할 것 없이 눈빛에 행복이 가득 담긴다.

내 마음이 친구 마음 같다면

'선생님, 저 오늘 상담하고 싶어요.'

소윤이가 하교 쪽지에 상담을 요청해 왔다. 자신의 감정
에 솔직하고 친구들과 두루 잘 지내며 유쾌해 보이던 소윤
이가 무슨 일일까. 친구들을 먼저 보내고 대기 중인 소윤이
의 얼굴에 먹구름이 끼었다.

이야기는 한 친구로부터 물꼬를 텄다. 입학 후 괴롭힘을
당하는 친구를 무리로부터 구해주었고 그때부터 그 친구의
경호원이 되었다. 그 친구는 외국인인데 자신의 아빠도 외
국인이라 마음이 계속 쓰였다. 처음에는 한국어가 서툰 세
문제였다면 지금은 눈치 없는 말과 행동이 문제라고 했다.
그 친구의 말과 행동을 오해한 주변인들을 이해시켰고 다
툼이 생겼을 때 중재하는 역할을 했다. 몇 년간 지속한 일

들이 지금은 너무 버겁게 느껴진단다.

문득 소윤이의 하교 쪽지 글이 떠올랐다.

'하루라도 아무 생각 없이 지내봤으면 좋겠다.'

무심히 뱉어낸 글을 떠올리며 11살 소윤이가 짊어진 삶의 무게를 가늠해 보았다. 마음이 찡했다. 상담에 활용하는 그림 자료를 보며 소윤이와 좀 더 깊이 있는 이야기를 나눴다. 자료에는 커다란 나무 주변에서 다양한 자세를 취한 사람들이 그려져 있다. 나무에 매달려 겁먹은 사람, 친구와 손잡고 웃는 사람, 서로 도와주고 있는 사람 등을 보고 현재 자신과 가장 비슷한 처지에 있는 사람을 고르면 된다.

"소윤이는 지금 어떤 사람과 가장 닮은 것 같아?"

그 말에 잠시의 망설임도 없이 손가락으로 한 사람을 꾹 눌러 가리켰다. 나뭇가지에 축 처져 엎드려 있는 사람이다. 소윤이의 큰 눈에 굵은 눈물방울이 맺혔다. 그렇게 소윤이는 한참 동안 말없이 눈물을 흘렸다.

눈물이 잦아질 때쯤 상담 활동 그림 자료를 보며 이야기를 나누었다.

"선생님, 저는 저 혼자 쉴 시간이 없어요. 학교 오면 선아 챙겨줘야 하고 옆 반 지연이랑 다른 친구들한테도 맞춰줘야 해요. 집에 가면 엄마 일도 도와줘야 해요. 아빠 오면 엄마 일을 왜 안 도와줬냐고 뭐라 하고……."

소윤이는 타인의 마음과 아픔을 깊이 느끼는 아이임을 알 수 있었다. 특히 우즈베키스탄인이자 통역사이신 아버지가 한동안 근무차 해외에 나가게 되면서 그 빈자리를 견디기 힘들어했다. 홀로 어린 동생을 돌보며 직장생활도 하시는 어머니를 돕고자 애쓰고 있다는 것도 알았다. 마음이 더 짠했다. 타인의 감정 하나하나 허투루 흘려보내지 못하니 결국 자기 에너지가 바닥을 드러낸 것이다. 타고난 기질로 어쩔 수 없이 품게 되는 마음들이 있을 것이다.

해맑게 웃는 얼굴 뒤에 많은 눈물을 담고 있느라 힘들었을 터였다. 나는 소윤이에게 말없이 휴지를 건네며 실컷 울 수 있도록 기다려주는 일밖에 할 수 없었다.

"소윤아, 선아를 도와주려는 너의 마음은 정말 예삐. 하지만 한편으론 선생님 마음이 좀 아프네. 꼭 소윤이가 선아를 지켜줘야 하는 걸까? 힘들 땐 네 마음을 먼저 돌볼 수 있어야 할 것 같아. 네 생각은 어때?"

"선생님, 저는 혼자 있어도 쉴 수가 없어요. 자꾸 생각들이 꼬리에 꼬리를 물어요. 제가 선아를 안 도와줘도 자꾸 선아가 신경 쓰여요. 혹시나 1학년 때처럼 아무도 도와주지 않으면 어쩌지 걱정돼요. 저도 유치원 다닐 때 따돌림당한 적이 있거든요. 그래서 그 마음을 너무 잘 알아요."

"그렇구나. 어른들도 소윤이처럼 너무 힘들어서 눈물이 날 때가 있어. 선생님도 그래. 소윤이가 얼마나 힘들지 느껴져. 선생님은 소윤이가 행복한 기분을 많이 느꼈으면 좋겠어. 소윤이는 어떤 걸 할 때 가장 행복해?"

평펑 운 뒤 조금은 개운한 얼굴이 된 소윤이가 곰곰이 생각에 잠겼다.

"가족들이랑 바다 드라이브할 때요. 그때 정말 행복해요."

"소윤이는 그럴 때 가장 행복하구나. 그럼 부모님의 도움 없이 소윤이가 혼자 누릴만한 행복은 어떤 게 있을까? 그런 게 있다면 참 좋겠다."

내 말에 소윤이는 수줍게 웃더니 고양이 이야기를 꺼냈다.

"선생님, 길고양이 밥 줄 때요. 요즘 저희 아파트 부근에

매일 오는 길고양이가 있거든요. 그 고양이 간식 챙겨 줄
때 진짜 행복해요."

누군가를 돌보고 사랑을 주는 것에 행복을 느끼는 소윤이
답다.

"정말 행복하겠다. 그럼 마음이 힘들 때마다 누군가의 도
움 없이 소윤이가 행복할 만한 일을 하나씩 하면서 지내보
는 거 어때?"
"네! 좋아요!"

사소한 일에 고민하고 마음을 쓰는 사람을 종종 만난다.
배려의 품이 큰 사람일 것이다. 자신의 득과 실을 따지지
않고 존재를 따뜻하게 품을 줄 아는 사람. 내 상처로 상처
받은 사람들의 마음을 들여다볼 줄 아는 사람.

'오늘도 길고양이에게 줄 간식을 샀다. 고양이가 오는 시
간에 맞춰 나갔다. 맛있게 먹는 고양이를 보니 행복했다.'
- 소윤이의 일기

교실에는 수많은 세계가 있다. 아직 단단한 벽이 세워지

지 않은 세계, 무궁무진한 가능성과 에너지를 품은 세계. 아름답지 않은 세계는 하나도 없다. 교실 속 아이들이 갈등과 괴로움, 기쁨과 행복들을 마음껏 경험하며 자신을 알아가는 재미를 느낄 수 있다면, 참 좋겠다.

깨어진 관계, 돈독해진 관계

국적이 달라도 같은 모국어를 사용하는 친구들이 있다. 우즈베키스탄, 카자흐스탄, 러시아인 아이들은 러시아어를 함께 쓰며 수다 삼매경에 빠진다. 4명의 아이는 이미 한국어 학급에서 2년간 공부를 한 뒤 환급했다. 다만 아이마다 한국어 해득 수준은 다르다. 한국인 아이들의 언어 능력이 각각 다르듯 외국인 아이들도 언어 습득 능력에 차이가 있기 때문이다.

한국어 공부를 열심히 하지 않고 수업 시간에 적극적으로 참여하지 못하는 외국인 아이들이 있다. '생존이 달린 문제인데 열심히 배워야지'라고 생각할 수 있다. 나는 그런 외국인 아이들을 볼 때마다 낯선 나라에서 그 나라의 언어를 사용하지 못하는 내 모습을 상상한다. 그러고 나면 그 아이들의 모습이 이해된다. 아이들은 현재 자기 앞에 놓인 삶에 최선을 다하고 있다. 그것을 알기에 묵묵히 기다리고 지켜 봐 준다.

자기 생각을 마음껏 표현할 수 있다는 것은 행복이다. 하고 싶은 말을 모국어로 자유롭게 이야기할 수 있는 것도 행복이다. 외국인 아이들은 행복을 찾기 위해 자신들만의 무리를 짓고 모국어로 대화하며 노는 것이다.

어느 날, 자신들만의 끈끈함을 유지하던 관계에 금이 갔다. 패가 갈렸다. 우리 반 솔라, 알렉산드라, 빅토르가 한 팀이 되어 이반을 따돌렸다. 수업 시간에도 러시아어를 사용하며 큰 소리로 대화하고, 놀이 시간마다 투박한 장난을 치며 함께 놀던 아이들이 변했다. 특히 이반은 러시아어를 사용하는 친구 중에서도 장난기가 많았다. 그런 이반이 어두운 표정으로 말없이 교실에 앉아있는 날이 늘더니 다른 반 외국인 친구들과 어울렸다. 마음이 자꾸 쓰여서 이반을 불렀다.

"이반, 무슨 일 있어요?"

"아니요. 없어요."

"무슨 일 있으면 말해요."

"네. 알겠어요."

이반은 쉽게 마음을 털어놓지 않았다. 시간이 제법 흘렀지만 이반과 친구들과의 관계는 진전이 없어 보였다. 외국인 친구 중 한국어를 가장 잘하는 솔라를 불러 이야기를 나누었다.

"솔라, 물어볼 게 있어요. 이반 무슨 일 있어요?"
"아…. 선생님, 빅토르 이반 싸웠어요. 이반 빅토르한테 시간 없다 해놓고 다른 친구랑 놀았어요. 이반 거짓말 많이 해서 싫어요."
"그랬구나…. 음…. 알겠어요. 말해줘서 고마워요."

사건에 대해 구체적으로 알고 싶었지만, 언어 장벽으로 인해 쉽지 않았다. 이반, 빅토르, 알렉산드라의 이야기를 종합해 보면 이랬다. 빅토르와 이반은 매우 친한 사이라 주말에도 자주 만났다. 어느 날, 이반이 빅토르에게 시간이 안 된다는 거짓말을 했다. 그날, 빅토르는 공원에 혼자 나갔다가 이반이 다른 반 친구와 노는 것을 목격했다고 한다. 이런 일이 몇 번 반복되자 빅토르는 매우 화가 났다. 다른 친구들도 이반이 한 행동이 잘못되었다고 생각했고, 결국 빅토르 편에 섰다는 것이다. 이 사건의 경위를 파악하는 데에 제법 긴 시간이 필요했다. 한국인 친구들이었다면 따로 또 같이 잠시 이야기 나눠보면 해결될 일일 텐데. 이럴 땐 이 세상 모든 외국어를 섭렵하고 싶어진다. 그게 안 되면 러시아어라도.

모국어로 문장 표현이 된다면 번역기를 사용할 수 있다. 하지만 어린 시절 한국에 온 외국인 아이들은 자기 생각을 체계적인 글로 표현할 만큼 모국어가 유창하지 않다. 쓰기를 배워야 하는 시기에 제대로 된 모국어 교육이 이루어지지 않아서다.

무리의 돈독함이 깨어지면서 변화의 바람이 일었다. 외국인 친구들 틈에 한참 동안 끼지 못하던 이반의 수업 태도가 눈에 띄게 좋아졌다. 수업 시간에 큰 목소리로 장난을 치거나, 알렉산드라와 언성을 높이며 러시아어로 다투듯이 대화하지 않는다. 이렇게 차분하고 모범적인 아이였나 싶을 정도다. 중간놀이 시간과 점심시간에도 한국인 친구들과 함께 놀이를 한다.

아이들 사이에서 포켓몬 빵의 띠부씰이 인기 절정인 시기가 있었다. 우리 반 수현이가 한 번씩 포켓몬 빵을 챙겨 와 친구들에게 선물했다. 어느 날, 하교 쪽지에 수현이가 적은 글이다.

'이반과 같이 놀아서 기분이 좋다. 내일 이반에게 포켓몬 빵을 주기로 했다. 이반은 어떤 표정을 지을까?'

수현이는 아침에 등교하자마자 이반에게 포켓몬 빵을 내밀며 이반의 표정을 살폈다.

"고마워~"

이반은 감사의 표현도 수준급이다. 꾸벅 인사를 하더니 한 번 높이 점프하면서 "야호!"를 외쳤다. 선물을 준 수현이도 덩달아 신이 났다.

외국인 친구들 4명의 관계는 어떻게 되었을까. 이반과 알렉산드라 사이가 소원해진 대신, 그다지 친하지 않았던 빅토르와 알렉산드라 사이가 돈독해졌다. 자신감이 없고 주눅 든 표정을 자주 짓던 빅토르의 목소리가 이렇게 클 줄이야! 한국어 구사 능력이 가장 뛰어난 솔라, 그리고 빅토르와의 관계가 여전히 서먹한 이반은 학기 초와 다르게 한국 친구들과 신나게 어울려 논다. 다만 이반과 빅토르 사이의 관계 회복은 언제쯤 이루어질까?

교실 속 1인 1 역할로 5월과 6월 분리수거 담당인 이반이 방과 후 쓰레기통을 정리한다. 분리수거하는 날이면 늘 함께 도와주던 알렉산드라와 빅토르가 잠시 머뭇거리다가 그냥 가버린다.

　　관계가 깨어지니 새로운 관계가 열렸다. 더디지만 깨어진 관계도 조금씩 회복해 나갈 것이다. 천천히 기다려주기로 했다. 아이들은 하루가 다르게 성장하고 있기에.

이반과 빅토르의 화해

　이반과 빅토르는 단짝이다. 이반은 우즈베키스탄인으로 흥이 많고 장난기가 넘치는 데다가 한국어 구사 능력도 빅토르보다 뛰어나 한국인 남학생들 무리에 자연스럽게 스며들었다. 빅토르는 카자흐스탄인으로 그림 그리는 것에 재능이 있고 부끄러움이 많은 편이다. 이반에 비해 한국어가 서툴러 활동에 제약이 많고 학습에도 어려움을 겪을 때가 있다. 이반은 빅토르에게 그림을 배우고, 빅토르는 이반에게 한국어와 수학을 배운다.

　서로서로 부족한 부분을 채워가며 우애를 다지던 아이들 사이에 금이 갔다. 그 이후로 1달이 지났다. 그사이 이반은 활동적인 한국인 남학생들 무리와 어울려 한국인 친구들과 더욱더 깊은 관계를 만들었고 수업 태도 또한 무척 좋아졌다. 다만 이반은 매일 단짝이었던 빅토르의 주변을 서성였다. 언제쯤 관계를 회복할 수 있을지 늘 고민하는 듯했다.

　방과 후, 외국인 친구들이 보드게임을 하겠다고 교실에 남았다. 솜씨 좋은 빅토르가 자신이 만든 게임판을 꺼냈다. 이반이 조금 떨어진 곳에서 부러운 눈으로 친구들을 바라보았다. 빅토르는 잠시 망설이다가 이반에게 '함께 하자'는 동작을 취했다. 이반은 쭈뼛거리며 다가가더니 신이 났다. 오랜만에 이반 특유의 흥을 발산하며 신나게 게임에 참여했다.

　'아! 드디어 화해하나 보다.'

　상황을 지켜보던 나도 기분이 좋아졌다. 그날 이후로 이반의 개구쟁이 표정이 다시 살아났다. 한국인 친구들과 친해졌고 수업 태도 또한 좋아졌지만 같은 언어를 사용하는 친구들과 서먹한 관계는 참기 힘든 일이었을 것이다.

　2022학년도 '4학년 1학기 프로젝트'로 〈한 스푼 시 짓기 활동〉을 진행했다. 아이들은 어린이 시인 되기 활동을 하며 여러 편의 시를 적었다. 이반은 빅토르와의 다툼과 화해가 마음 깊이 남아 이 이야기를 시로 썼다.

빅토르랑 화해한 날

빅토르랑 싸웠다.
솔라, 알렉산드라, 빅토르가
나와 이야기하지 않았다.
그래서 조용히 앉아 있었다.

4교시 끝나고
밥 먹으러 가야 한다.

밥을 먹는데
빅토르가 나랑 이야기했다.

나는 깜짝 놀랐다.
내가 말했다.

뭐라고?

우리 학교에는 주류와 비주류를 나누기 민망할 정도로 외국인 아이들이 많다. 다만 한국어를 유창하게 말하는 외국인 아이라도 같은 모국어를 가진 친구들과 어울리기를 좋아한다. 언어를 넘어 자신들만의 단단한 세계가 구축되어 있다.

하나의 세계가 평화를 되찾았다. 빅토르와 화해한 이반은 예전의 '개구쟁이'가 되었다. 모둠별 게임 활동 시간, 한국인 남자아이들이 이반에게 함께 팀을 하자고 청했다. 이반은 고개를 저으며 말했다.

"나는 빅토르랑 한 팀이야."

이반은 빅토르와 함께 놀 때 가장 신이 난다. 더불어 같은 언어를 사용하는 외국인 친구들과 신나게 어울려 논다.

이반은 여름 방학이 되기 전 엄마와 함께 우즈베키스탄으로 체험학습을 신청했다. 우즈베키스탄행 비행기 출발 시각 때문에 3교시 수업을 마치고 일찍 하교하는 날, 이반과 빅토르는 손을 꼭 마주 잡고 기나긴 작별 인사를 나눴다.

"선생님, 이반이랑 빅토르 너무 서운한가 봐요."

지켜보던 아이들도 둘의 애틋한 마음을 알아보았다.

이반은 1학기 동안 쓴 시 중 가장 인상에 남은 시로 〈빅토르와 화해한 날〉을 뽑았다. 그리고 시 쓰기 활동을 마치면서 제출한 소감에 아래와 같이 적었다.

'빅토르랑 싸웠어요. 화해했어요. 시 다시 읽는데 또 마음이 아팠어요. 그래서 기억에 남아요.'

누구나 관계 속에서 실수한다. 실수를 깨달으며 소중한 사람과의 관계를 지키는 법에 대해 알아간다. 이반도 그렇다.

우리 반에도 새 친구가 왔다!

우리 학교는 한 학년이 1~2학급 정도인 소규모 학교다. 비교할 만한 반은 옆 반밖에 없다. 학년 초 옆 반 학생 수가 우리 반보다 1명 적었다. 옆 반에 먼저 전학생이 왔다. 아이들은 실망감을 감추지 못했다. 더군다나 얼마 지나지 않아 우리 반 유빈이가 이사로 전학을 가게 되자 '새 친구'에 대한 아이들의 간절함이 최고조에 다다랐다.

'왜 우리 반은 전학생이 오지 않는 걸까. 옆 반은 한 명 왔다. 우리 반은 전학을 갔다. 우리 반에 새 친구가 왔으면 좋겠다.'

아침 활동 시간에 하는 세 줄 글쓰기에 아이들의 염원이 담겼다.

"선생님, 왜 우리 반에는 전학생이 안 와요?"

"선생님, 우리 반에도 빨리 새 친구가 왔으면 좋겠어요."

1학기가 끝나갈 무렵, 드디어 기쁜 소식이 날아들었다. 아이들의 소원이 이루어지게 된 것이다!

"얘들아, 우리 반에 새 친구 온다! 조금만 기다려 줘."

"와! 우리 반에 드디어 새로운 친구 온다!!!"

교무실에서 부모님과 아이를 대면했다. 우즈베키스탄에서 한국에 온 지 한 달도 채 되지 않은 외국인 남자아이. 새 친구의 이름은 마르시다. 나이에 비해 작은 키, 반짝반짝 총명한 눈빛, 올곧고 다부진 몸. 나와 눈이 마주치자 눈을 내리깔며 멋쩍게 웃는 모습이 귀여운 아이였다.

3층 교실로 가기 위해 계단을 오르는 동안 우리 반 아이들은 환대와 존중을 온몸으로 표현했다. 아이들은 한국어가 서툰 외국인 친구들과 함께 지내면서 따뜻한 눈빛으로 바라보기, 어깨를 토닥여 주기, 응원의 하이파이브, 감탄사 등 다양한 손짓, 발짓, 몸짓 언어를 사용하려고 노력한다. 전학생을 바라던 우리 반 아이들은 마치 목마른 사람이 우물을 파는 식으로 열심이었다.

아이들은 복도에서부터 "우리 반에 전학생이 왔다!!!"고 소리치면서 신이 났다. 마르시니는 아이들의 환대에 조금은 당황스러운 모양이었다. 나를 따라 교실에 쭈뼛거리며 들어오더니 친구들에게 손을 흔들어 인사를 했다. 친구들도 신이 나서 크게 인사를 하고 박수를 쳤다.

한국에 들어온 지 한 달밖에 되지 않아 한국어를 전혀 모르는 상태였지만 같은 러시아어를 사용하는 외국인 친구들이 많은 도움을 주었다. 한국인 친구들도 마르시니 부근에 모여서 한국어로 질문을 하거나 그도 안 되면 몸짓, 발짓을 동원했다. 외국인 친구들에게 통역을 부탁하기도 했다. 한국어 강사 배정 및 수업 시간 조정으로 마르시니는 바로 한국어 수업을 들을 순 없었다. 그런데도 마르시니는 얼마 지나지 않아 학교와 교실 규칙 등을 잘 이해하고 모범적으로 생활하게 되었다.

마르시니가 전입해온 이틀 뒤, 4학년 여름 계절 체험학습이 있어 가정에 문의를 드렸다. 아직 가족 모두 휴대전화가 없는 상태라 한국 정착 생활을 도와주는 중개 선생님의 연락처를 통해 답변을 들을 수 있었다. 래시가드 및 준비물들을 모두 챙길 수 있다고 하셨다. 한국어가 전혀 되지 않는 마르시니를 잘 챙길 수 있도록 아이들에게 도움을 청했다. 학급 아이들 모두가 마르시니를 극진히 챙겼다.

마르시니는 러시아어를 사용하는 외국인 학생들 무리에 조금씩 섞이기 시작했다. 그런데 종종 같은 언어권의 선후배들과 다투는 모습이 보였다. 5학년 형들은 장난으로 하는 행동이나 말이었지만 마르시니에겐 괴롭힘일 수도 있는 문제라고 판단했다. 점심 식사 시간, 복도에서 비슷한 상황을 목격했다. 소통이 어려우니 한국어에 능통한 외국인 친구에게 통역을 부탁하며 지금 무슨 일이 일어난 것인지 물었다.

내용인즉슨 5학년 형은 놀면서 장난을 치고 있는 것, 반면 마르시니는 형이 자신을 놀려서 다투는 상황이라고 생각한다는 것이다. 장난도 상대방이 어떻게 느끼느냐에 따라 폭력이 될 수 있다고 이야기하며 5학년 학생에게 다음부턴 심한 장난을 치지 않겠다는 약속을 받았다. 함께 교실로 올라가던 마르시니가 꾸벅 인사를 했다.

"선생님, 감사합니다."

한국어 실력이 하루가 다르게 향상되고 있는 마르시니의 말 한마디가 마음을 울렸다. 마르시니는 낯선 한국 땅에 와서 한국 학교 문화에 빠르게 적응해 나가느라 힘겨웠을지도 모른다. 한국어 학급에서 일반 학급으로 돌아올 만큼 상대적으로 오랜 시간 한국에 적응한 교실 속 외국인 친구들을 보며 소외감을 느꼈을지도 모른다. 친구들과 깊은 이야기를 나누고 싶지만 번역기나 학생들의 통역으로는 한계가 있다. 아이들에게 마르시니를 위한 통역과 지원을 부탁하지만, 마르시니가 자기의 마음속 내밀한 이야기들을 다 꺼내놓기에는 어려움이 있었으리라. 이럴 때마다 다문화교육연구학교의 교사로서 내가 할 수 있는 일이 별로 없다는 생각에 마음이 무겁다.

다음 날부터 마르시니는 나에게 간식을 하나씩 선물했다. 선물은 한국어 교실 수업 시간에 받은 젤리나 초코파이다. 주머니 속 간식을 내 책상에 꺼내어 내려놓으면서 씨익 웃는다. '선생님, 이것 드세요' 하는 듯.

마르시니는 여전히 배움에 적극적이다. 우리 반의 하교 루틴 '하교 쪽지 쓰기'를 한글 모른다고 지레 겁먹거나 포기하는 법이 없다. 친구들이 하루 중 인상적인 일이나 그날의 기분을 적을 때 마르시니는 그날 어떤 과목이 가장 재미있었는지 적는다. '수학', '음악'과 같이 교과목 이름만 적는다. 그것만 보아도 마르시니의 하루가 조금은 이해된다. 나름의 고군분투 속에서 마르시니는 오늘도 성큼 자라 있다.

절친이 소원해지기까지

"어려운 일 있을 때마다 도와줬더니 뒤에선 저희 욕을 하고 있었더라고요."

소윤이 나에게 속상한 마음을 털어놓았다. 소윤이는 아버지가 우즈베키스탄인, 어머니는 한국인이다. 뒤에서 욕을 했다는 친구는 유화다. 유화는 7살 때 한국에 계시는 부모님을 따라 중국에서 한국으로 왔다. 둘은 다문화 배경을 가지고 있다는 공통점이 있다. 학년 초의 유화는 무척 활발한 성격으로 수업 시간에도 적극적으로 참여하는 자신감 넘치는 아이였다. 중국인이면서 한국어 구사 능력도 뛰어났다. 교실에 있는 한국인 친구들보다 학업적인 면에서도 월등히 뛰어난 부분이 많았다.

다만 유화의 학년 초 선물 공세가 마음에 걸렸다. 매일 아침 작은 상자 안에 선물을 넣어서 교탁 위에 올려둔 지 3일이 되었다. 필통, 펜 등 작은 선물이었지만 초등학생 용돈으로 매일 준비하기에는 분명 버거운 수준이었다.

"유화야, 선생님 챙겨 주니 너무 고마워. 그런데 매일 이렇게 해 주니까 부담스럽네. 선생님은 편지만 챙겨가고 싶어."

편지만 챙기고 선물은 유화에게 돌려주었다.

유화는 방과 후에 나와 이야기 나누는 시간을 무척 좋아했다. 중국에 살 때의 경험, 아빠 엄마의 생활 방식, 부모님의 양육 태도 등 작은 일이라도 나와 이야기 나누고 싶어 했다. 그 덕분에 단짝 소윤이와의 관계에 대해서도 알게 되었다. 단짝처럼 보이던 둘의 관계가 다르게 보이기 시작한 때였다.

"소윤이는 제 생명의 은인이에요. 제가 1학년 괴롭힘을 당할 때 저를 구해줬어요."

지금은 분반된 옆 반의 아이들 이름을 말했다. 1학년 때부터 줄곧 자기를 괴롭혔다고 했다. 작년에는 두 명씩 짝을 지어 서로 자주 다투고 오해하고 화해하기를 반복했다고 한다.

"그런 일들이 있었구나."

그러던 어느 날, 유화와 소윤이 사이에 균열이 생기기 시작했다.

"우리 엄마가 너랑 놀지 말래."

유화 어머니는 소윤이와 소윤 어머니의 성격이 너무 강해서 유화가 자기 생각을 제대로 표현 못 한다고 말한 모양이었다. 유화는 어머니께 들은 이야기를 그대로 소윤이에게 전했다. 그 이야기가 소윤 어머니 귀에 들어갔다. 소윤 어머니와 통화를 했다.

"선생님, 한국에서 외국인으로 살아가는 어려움 저도 잘 알아요. 그래서 모르는 거 있다고 연락 오면 성심성의껏 도와주고 알려줬어요. 지금 다니는 일자리도 알아봐 주고 유화가 배우면 좋을 컴퓨터 프로그램도 대신 신청해 주고 했는데. 이제껏 저희를 나쁜 사람이라고 생각했다니요."
"어머님, 속상하셨겠어요…."
"네. 자주 마음 상하는 일이 있어도 그러려니 하고 넘어갔는데 이제는 저도 한계치네요. 유화 엄마가 원하는 것처럼 저희 아이한테도 유화랑 거리를 두라고 해야겠어요."

아낌없이 도움을 주려고 노력하던 소윤 어머니의 마음이 돌아섰다. 소윤이의 마음도 돌아섰다.

6월이 되었다. 소윤이는 지속적으로 나와 상담하며 유화에게 느꼈던 섭섭함을 토로했다. 진심 어린 사과를 받고 싶어 했다. 유화 또한 단짝을 잃었다는 슬픔에서 헤어나오지 못했다. 소윤이는 반 친구들과 원만한 관계를 유지하며 지내지만 유화는 휴대전화 보는 시간이 늘고 말수도 부쩍 줄었다.

겉으로 봤을 때 둘의 관계는 안정적으로 보인다. 챙길 것만 챙기고 마찰이 생길 기미가 보이면 서로 피한다. 비록 깨어진 관계가 되었지만, 소윤이는 여전히 유화를 신경 쓴다. 친구들과 잘 어울리지 못하는 유화를 보면 은근슬쩍 나에게 와서 이야기를 전해 준다. 유화는 소윤이의 마음을 알까?

"넌 소윤이가 어떤 친구라고 생각하니?"

유화의 마음이 궁금했다.

"저도 잘 모르겠어요. 좋은 친군지 나쁜 친군지."

아이에게 부모의 영향력은 실로 막강하다. 유화는 여전히 어머니와 친구 사이에서 헤매는 중이다. 어른들의 말과 행동, 틀어진 관계에도 불구하고 유화와 소윤이는 여전히 서로의 곁을 서성인다. 예전으로 돌아갈 방법을 애타게 찾고 있다.

넌 '소주한' 사람이야?!

1년간 다양한 활동에 그림책을 자주 활용하는 편이다. 그림책을 함께 읽으며 서로의 마음과 생각을 나눈다. 그림책은 학습 격차를 넘어 언어적 소통의 어려움을 겪는 외국인 학생들이 많은 교실에서 더욱더 빛을 발한다. 적은 글밥 대신 그림으로 전달할 수 있는 것들이 많다.

2022년 11월 말, 겨울비가 내렸다. 빗물에 젖어 짙어진 나뭇잎들이 길거리 여기저기 떨어졌다. 가을의 충만함을 알려 주던 나무들도 겨울맞이 준비를 한다. 벌써 크리스마스를 기다리는 아이들이 눈에 띈다. 자기 잎들을 모두 떨구고 가지만 앙상하게 남은 나무들을 보면서 아이들에게 꼭 읽어 주고 싶었던 『다 같은 나무인 줄 알았어』[1]를 펼쳤다.

---

1) 김선남, 『다 같은 나무인 줄 알았어』, 그림책공작소, 2021.7.15.

이 그림책에는 사계절을 대표할 수 있는 다양한 나무들이 등장한다. 다 같은 나무인 줄 알았는데 계절에 맞춰 자라는 모습을 자세히 들여다보니 모두 다 다른 나무들이다. 벚나무, 은행나무, 느티나무, 참나무, 계수나무, 감나무, 구상나무 등 꽃이나 잎, 열매가 다 다른 나무들이라는 것을 담백한 문장과 그림으로 전해 준다. 그림책에 등장하는 나무들이 어떤 나무일지 맞춰가며 한 장 한 장 살펴보는 재미가 있었다. 이 그림책의 나무들처럼 우리도 모두 다 다르고 가치 있다는 메시지가 전달되기를 바랐다.

이 그림책과 연계하여 '씨앗 나무 만들기' 활동을 했다.

"자세히 보아야 사랑스럽다는 말이 있어요. 우리는 모두 다 다른 나무죠. 그것도 아름다운 나무에요. 여러분만의 나무를 상상해서 꾸며보고 그 나무에 이름을 붙여 줄까요?"

아이들은 다양한 채색 재료들을 활용해 나무 모양의 종이에 자신만의 나무를 구상하여 꾸미기 시작했다. 선입한 지 한 달 정도 된 러시아인 마리나도 그림책이 전하는 메시지를 이해하고 솜씨를 발휘했다.

'솜사탕 나무, 새벽 나무, 꿈의 나무, 이름 나무.'

벌거벗었던 종이 나무들이 알록달록 새 옷을 입었다. 같은 나무는 없었다. 아이들은 친구들의 나무를 사랑스러운 눈으로 바라보았다. 채색이 끝난 후 '배려, 사랑, 용기' 등의 가치 덕목이 적힌 '씨앗 덕목 스티커'를 활용해서 '내가 갖고 있거나 갖고 싶은 가치'를 3개 골라 나무에 붙였다. 모둠별로 완성한 나무들을 돌려가며 '친구가 갖고 있다고 생각하는 가치' 1개도 골라 붙이고 그렇게 생각하는 이유를 이야기 나눠보았다. 미처 발견하지 못했던 자신의 보석을 찾듯 아이들의 눈빛이 반짝거렸다. 칭찬해서 기분 좋고 칭찬받아 기분 좋은 일거양득의 활동이었다.

이어진 활동은 '내가 가장 듣고 싶은 말' 활동이다. 여러 가지 힘을 주는 말 스티커 중 친구들에게 가장 듣고 싶은 말을 골라 적어 본 후 그 말을 서로에게 해 주기로 했다. 친구가 듣고 싶은 말을 확인하고 서로서로 말해 주는 아이들의 모습은 장난스러우면서도 사뭇 진지했다.

모든 이야기에 '축구'가 빠지지 않는 우리 반 축구선수 유철이는 '한다면 끝까지 하는구나!', 한글 맞춤법에 어려움이 있지만 따뜻한 마음을 지닌 경배는 '넌 할 수 있어', 일기장에 맛있는 음식 먹은 이야기를 자주 쓰는 건아는 '우리 맛

있는 거 먹으러 가자', 감수성이 풍부하고 섬세한 소영이는 '넌 특별한 사람이야'를 적었다. 한국 학교에 전입한 지 한 달 정도 된 마리나는 통역 친구들에게 도움을 받으며 문장을 완성했다.

'넌 소주한 사람이야.'

마리나의 정성 가득한 글과 '작은' 실수에 아이들은 따뜻한 웃음을 보냈다. 비슷할 것이라고 예상했던 '내가 가장 듣고 싶은 말'은 신기하게도 대부분 달랐다. 아이들의 입에서 응원의 말이 서로에게 흘러가는 풍경을 흐뭇하게 바라봤다.

각자 만든 나무들을 엮어 나무 울타리를 만들었다. 종이나무 3, 4개를 함께 붙이니 바닥에 두어도 튼튼하게 바로 선다.

교실은 어느새 다 다른 나무들로 울창한 숲이 된다. 나무들은 땅 밑에서 아주 긴밀하게 연결되어 상생한다. 상생을 위해 적절한 거리를 유지하기도 한다. 한 나무가 병들어갈 때 양분을 나누어 주기도 한다. 아이들은 각자의 속도대로 자라며 교실 속에서 상생의 방법을 찾는다.

2022년, 다양한 빛깔의 교실 속 나무들이 겨울을 기다리고 있다.

오늘은 알렉산드라가 인사해요!

아이들의 옷차림이 조금씩 무거워지고 있다. 중간놀이 시간과 점심시간을 운동장에서 열심히 뛰어다니다가 교실에 들어와선 덥다고 성화였던 아이들의 목소리가 조금씩 사라지는 계절, 겨울이 왔다. 예전에는 크리스마스 전에 겨울 방학식을 하곤 했는데 몇 해 전부터 크리스마스가 지난 후 방학을 하고 있다. 학교에서 보내는 특별한 날, 파티 준비로 마음이 분주해졌다.

크리스마스이브, 야심 차게 준비한 활동들을 풀어놓았다. 먼저 크리스마스와 관련된 초성 퀴즈 게임 활동을 했다. 퀴즈를 맞힌 개수만큼 선물 제비뽑기를 할 수 있도록 구성했다. 퀴즈가 쉬워 아이들은 생각보다 많은 선물을 뽑을 수 있었다. 찰떡 초코파이, 연습장, 제티, 바나나 맛 빨대, 알림장, 연필 등 별 것 아닌 선물이지만 아이들은 선물

뽑는 재미에 푹 빠졌다.

다음 순서로 크리스마스와 관련된 그림책을 읽을 시간이
다. 시후가 갑자기 손을 번쩍 들었다.

"선생님, 선생님은 어릴 때 산타 할아버지가 진짜 있다고
믿었어요? 산타 할아버지는 없잖아요."

늘 무서운 이야기를 들려 달라고 하던 시후가 이번에는
선생님의 어린 시절이 궁금했나 보다.

"선생님은 중학교 1학년 때도 산타가 있다고 믿었어요."
"에이, 설마요~ 말도 안 돼요!"

아이들은 믿지 못하는 눈치였다.

"정말 그랬어요. 그래서 그때의 친구들도 여러분처럼 산타
를 아직도 믿냐며 선생님을 놀렸답니다. 선생님도 산타가
없을지 모른다고 생각할 때였어요. 없다는 사실을 믿기 싫
었던 것 같아요. 그날 엄마께 물었죠. '엄마, 산타 할아버지
는 진짜 계세요?' 선생님의 물음에 엄마가 뭐라고 대답했
을까요?"

"없다고요!! 부모님이 대신 선물 산 거라고요."

예상했던 대답이 이곳저곳에서 터져 나왔다.

"엄마는 이렇게 말씀하셨어요. '산타는 네 마음속에 있단
다.'라고. 선생님은 그 말이 너무 감동적이어서 아직도 한
번씩 그날을 떠올리곤 해요. 여러분들 마음속에 산타는 언
제나 있을 거예요."

이야기가 끝난 뒤 각자 받고 싶은 선물과 소원을 기록했
다. A4를 사등분한 크기의 스크래치 종이에 아이들이 마음
에 담아둔 소원을 적어 제출했다. '1초 만에 운동장 3바퀴,
순간 이동' 등의 아이다운 소원과 '웃음, 건강, 우리 반의 행
복' 등의 따뜻한 바람, '강아지, 솜사탕 기계, 아이패드, 굿
즈, 신발' 등 현실성 있는 소원이 나왔다.

다음으로 게임 활동을 진행했다. 풍선을 활용한 협동 게
임으로 교실을 네 구역으로 나눈 뒤 구역마다 한 명씩 서서
풍선 2개를 떨어지지 않게 전달하는 활동이었다. 방법을 익
히기 위해 1단계 '1분 버티기'로 시작했다. 시작할 땐 우왕
좌왕하며 힘들어하던 아이들이 시행착오를 겪으며 나름의
방법들을 찾아내기 시작했다. 마침내 3분 30초까지 풍선을

떨어뜨리지 않고 협력하여 패스하며 여유롭게 임무를 완수했다.

크리스마스를 맞아 교실에서 연말 파티를 마음껏 즐긴 아이들의 얼굴에 화사한 웃음꽃이 피었다. 다만 알렉산드라가 부모님 나라 카자흐스탄에 한 달간 머물다가 온다는 소식을 전해 듣곤 아이들이 섭섭하다며 목소리를 높였다. 우리 학교에는 종종 학기 중 또는 방학을 활용해서 부모와 아이가 모국에 다녀오는 경우가 있다. 아이들은 알렉산드라와 며칠 빠른 방학 맞이 작별 인사를 해야 하는 게 아쉽기만 한 모양이었다.

"알렉산드라, 잘 다녀와!"
"오늘은 알렉산드라가 하교 인사해요!!"

아이들의 말에 수줍음 많은 알렉산드라가 얼굴을 붉혔다. 우리 반은 하교 인사 구령을 봉사위원이나 학급 대표가 하지 않는다. 매일 원하는 친구가 자원한다. 생각보다 희망하는 아이들이 많다. 하지만 교사가 선택을 고민하는 경우는 드물다. 아이들이 대표 인사를 공평하게 돌아가며 할 수 있도록 서로 양보하는 덕분이다. 다만 희망하지 않는 친구들에게는 대표 인사의 기회가 없다는 게 아쉽다. 알렉산드라는 내향적인 성격으로 한 번도 하교 인사를 자원한 적이 없었다. 그걸 아는 아이들이 응원하는 마음을 담아 알렉산드라에게 대표 인사를 '양보'했다.

알렉산드라는 부끄러워하면서도 제법 씩씩하게 구령을 외쳤다.

"차렷, 열중쉬어, 인사."
"사랑하고 기대합니다!"

크리스마스가 되었다. 학급 단체 카카오톡 방에 크리스마스 인사가 오간다. 유행하는 독감으로, 또는 골절 수술로 몇몇 아이들이 교실 활동을 함께하지 못했다. 친구들의 안부를 물으며 서로서로 행복한 크리스마스를 기원한다. 카자흐스탄에서 연말을 즐기고 있을 알렉산드라에게 안부를 묻는다. 함께 있지 않아도 아이들의 따뜻한 마음이 느껴지는 축복 가득한 연말이다.

5장.

한 걸음
더

나아가는
중입니다

그때 그 아이는 어떻게 자랐을까?

2011년 신규 교사로 재직 당시, 국제결혼 이주 여성과 한국인 아빠 사이에서 태어난 학생을 처음 만났다. 25명 정도 되는 아이 중 유일한 다문화 학생이었다. 다문화 가정 지원 관련 가정통신문을 전달할 땐 늘 조심스러웠다. 교사인 나 스스로 '다문화'라는 단어를 '가난'과 결부 지었다. 좋은 이미지보단 무언가 모자란 이미지를 떠올렸다. '다양한 문화의 수용과 공존'으로 받아들이기보다는 개발도상국이나 후진국의 여성과 결혼 못 한 한국 남자의 결합 정도로 생각했다. 단일 민족 국가라는 자부심이 교육 현장과 어른들의 인식 속에 뿌리 깊게 박혀 있던 때였다. 그런 어른들이 교육 현장에 나와 교육을 했다. 다문화 감수성 지수는 밑바닥을 맴돌 수밖에 없었다.

다문화 학생은 친구들의 시선으로부터 자유로울 수 없었

다. 그 당시만 해도 학교에서 그나마 접할 수 있는 다문화 학생은 어머니가 동남아 계통의 외국인인 가정이 대부분이었다. 경제적인 상황 또한 열악한 경우가 부지기수였다. 그 아이의 가정 또한 그랬다. 친구들과 외형적인 차이는 없었다. 다만 자신감 없는 태도, 주눅 든 표정, 어눌한 말투 등으로 아이들에게 소외되었다. 가정 연계 지도나 돌봄을 제대로 받지 못했다. 특별히 부적응하거나 문제 행동을 하는 경우는 아니었기에 어머니와 상담을 할 일은 거의 없었다. 다만 사춘기에 접어드는 5학년이 되자 아이는 말수가 더 없어졌다. 다른 친구들과 자신의 출생 배경이 다르다는 열등감에 시달리고 있는 듯했다. 그런 아이 앞에서 나도 왠지 반 아이들에게 '다문화'라는 단어를 사용하는 것이 부담스러웠다.

다문화 교육의 역사는 매우 짧다. 인구 절벽으로 결혼 이주 여성들이 한국으로 유입되었다. 곧이어 이주노동자들이 한국 사회로 들어왔다. 하지만 여전히 대다수 초등학교에서는 다문화 배경의 학생, 외국인 학생은 흔하지 않다. 우리 학교 학군은 외국인들의 주 생활 근거지로 다문화 배경의 학생들이 과반수를 차지한다. 이로 인해 다문화 학생은 자신이 '소수자'라서 의기소침하거나 주눅 들지 않는다. 오히려 같은 언어를 사용하는 다문화 학생들끼리 뭉쳐서 자신들만의 문화를 만들어낸다. 특별히 행색이 초라하다거나 가정의 돌봄을 받지 못하는 아이들은 드물다. 한국인만 있는 교실에서도 가정 배경에 따라 나타날 수 있는 편차 정도라고 생각한다.

한 계층처럼 분리된 채 무겁고 어두운 기운을 품으며 은둔하던 '다문화'라는 용어가 제법 거리낌 없이 사용되고 있는 교육 현장에서 지낸다. 교사들은 다문화 관련 의무 연수를 듣고 어학연수에도 참여한다. 다양한 국적의 외국인들과 다문화 배경 아이들을 만나고 학부모님과 연락하며 소통한다. 우리 학교는 한국에서의 일반적인 공교육 학교 범주에 해당하지 않기에 교사인 나에게도 새로운 경험이었다. 이곳에서 생활하면서 나 스스로 인지하지 못했던 편견을 발견하고 조금씩 깨어나가는 중이다.

2019년 KBS에서는 〈다문화 사회 대한민국의 이면 - 스페셜 "10년 후 동창생"〉을 방영했다. 이 방송에서는 대안학교인 '아시아 공동체 학교'에 다녔던 아이들이 10년 후 어떤 모습으로 성장했는지를 보여준다. 상가건물 한 층을 빌려 세운 이 대안학교에는 전교생 47명 중 다문화 가정 아이가 32명이었다. 4개 국어를 배우고 다양한 교과 외 수업을 통해 자신들의 적성과 특기를 찾도록 지원해 주었다. 이 시스템은 현재의 다문화교육 정책학교 공교육 현장에서 벤치

마킹하여 시도해 보아도 유의미하고 긍정적인 결과를 도출할 것으로 보인다.

인상적이었던 것은 파키스탄인 노만의 사연이었다. 노만은 돈을 벌기 위해 한국행을 택한 부모님을 따라 한국에 왔다. 외모가 다르고 냄새가 난다는 이유로 친구들에게 따돌림을 당했다. 학교 가기를 거부하고 가출을 해서 '노만 가출 사건'으로 대서 특필된 적도 있다고 한다. 모든 민족에게는 각자의 냄새가 있는데 왜 노만의 같은 반 친구들은 그것을 인정하고 포용하지 못했을까? 그 기사를 보고 대안학교 선생님께서는 노만을 대안학교에 데리고 왔다고 한다. 하루는 창문을 닫고 수업을 해야 하는 날이 있었는데 노만에게서 '역하다고 느낄만한 냄새'가 났다. 하지만 함께 수업을 듣는 학생 아무도 노만에게 '너한테서 냄새난다'라는 말을 하지 않았다. 보건실로 찾아와 "선생님, 머리 아파요. 약좀 주세요."라고 한 게 전부다.

아픔을 들여다보고 공감하는 능력은 나이가 든다고 생겨나는 것이 아니다. 자신의 경험을 통해 깨닫게 되는 것이다. 노만을 따돌렸던 아이들에게만 잘못을 물을 수 있을까? 아이는 어른을 보며 자란다. 다문화에 대한 경험과 교육이 부재했던 어른들은 자신의 편견을 인식조차 하지 못한 채 누군가를 차별하며 상처 줄 수밖에 없다.

다큐멘터리 속 아이들의 10년 후 모습은 각양각색이다. 말괄량이였던 한 아이는 입대를 했고 한 아이는 미대생이 되어 한국 사회의 건강한 사회 구성원으로 성장했다. 반면 노만의 가족은 2012년 비자 연장이 되지 않아 한국에서 쫓겨나는 아픔을 겪었다. 노만은 고등학교 과정까지 유예하여 학업을 끝낸 뒤 파키스탄으로 돌아갈 수밖에 없었다. 노만은 한국이라는 제2의 고향에 대한 애정과 오랜 시간 살아온 곳에서 추방당한 섭섭함을 토로했다.

다문화 가정이 급격히 늘어나고 있는 사회에 살고 있다. '세월이 이렇게 흘렀는데' 사회는, 교육 현장은 그 속도에 맞춰 변화하고 있는 것일까? 우리 학교와 같은 특별한 학교의 상황이 널리 알려지면 좋겠다. 대다수의 학교 현장이 얼마 지나지 않아 우리 학교와 같은 상황으로 변화할 가능성이 크다. 다문화에 대한 인식 개선이 계속해서 이루어지고 있는 지금, 신규 시절 25명 중 단 한 명이었던 그 아이의 뒷모습이 생각난다. 그 아이는 인지하지 못한 편견들로 가득했던 그 시간을 어떻게 견뎌냈을까? 지금, 그 아이는 어떤 어른이 되었을까?

누구나 상처를 안은 채 살아간다. 다만 어른이 되었을 그 아이가 자신의 배경으로 인해 더는 상처받지 않기를 바란다.

다문화 감수성이 뭐에요?

우리 학교는 2021년부터 2년간 교육부 지정 지역 연계 다문화교육 연구학교로 지정되었다. 이에 다문화 통합 진단 시스템 구축, 마을 공동체 구축을 통해 다가올 다문화 사회에 필요한 미래학교의 청사진을 만들어 보기 위해 노력했다. 특히 언어, 학습, 심리 정서, 경제, 보건 의료, 문화, 진로 지원 체계 구축을 위해 많은 마을 기관들의 지원이 필요했다. 우리 학교는 연구학교 지정 전부터 시청, 도서관, 아동센터, 경찰서 등과 지속해서 교류해 왔기에 시행착오를 최소화할 수 있었다. 교실 속 교사들은 다문화교육 통합 지원 마을 공동체를 구축하여 구성원들의 다문화 교육 역량 신장, 다문화 학생과 비다문화 학생의 통합 성장을 위해 맡은 바 최선을 다했다.

담임 교사는 '다문화 감수성 신장' 프로젝트 학습을 진행하기 위해 교육과정을 재구성했다. '다문화 감수성'이란 다양한 사회문화적 환경의 차이와 다양성을 인지하고, 다문화에 대해서 민감성을 가지며, 조화롭게 관계를 맺는 것을 말한다. 의사소통하고 실천할 수 있는 지식, 가치, 행동 역량의 총체인 것이다. 다문화 감수성이 높은 사람은 자신의 기준과 잣대로 다른 사람을 평가하지 않는다. 자신의 말과 생각이 제삼자에게 어떠한 반응을 불러일으키는지 민감하게 인식한다. 아래는 이질성에 대한 자가테스트 및 고학년 대상으로 실시한 다문화 수용성 역량 체크리스트다.

이질성에 대한 자가 테스트[1]

- 나는 낯선 사람들과 대화가 부담된다. (O/X)
- 외국에 대한 호기심보다는 거부감과 경계심이 더 크게 든다. (O/X)
- 평소에 접해본 경험이 없는 음식, 문화, 언어에 대한 호기심이 있는 편이다. (O/X)
- 나와 다른 외모, 인종, 언어를 가진 사람들과의 만남이 기대된다. (O/X)
- 외국인은 한국 사회에 동화되고 적응되어야 한다. (O/X)
- 이질적인 존재는 상호작용을 통해서 융합될 수 있다. (O/X)
- 이질성은 전체의 발전과 변화에 도움이 된다. (O/X)
- 이질성은 전체의 조화를 위해서 최대한 없애야 한다. (O/X)

---

1) 김진희, 『교육자를 위한 다문화교육과 세계시민교육 방법론』, 박영story, 2022.1.15.

<다문화 수용성 역량 조사 체크리스트>[2]

문항 내용		
다양성 차원	인식	종교들마다 믿고 있는 사람들의 생각과 행동이 다를 수 있다고 생각한다.
	관용	다른 문화를 가진 사람들이 왜 다르게 행동하는지 이해한다.
	수용	나는 국가나 민족에 따라 믿는 종교가 다를 수 있다는 것을 알고 있다.
		피부색이나 민족이 나와 달라도 누구나 한국인이 될 수 있다.
		피부색이 검거나 눈 색깔이 파란색이면, 한국인이라 할 수 없다.
		나와 머리카락, 피부색, 눈 색깔이 다르면, 친한 친구로 삼기 힘들다.
		나는 나와 전혀 다른 문화를 가진 사람의 의견도 귀기울인다.
관계성 차원	공감	친구가 피부색이나 생김새 때문에 놀림을 받아도 나와 상관 없는 일이다.
		나의 친구가 행동이나 말투가 다르다는 이유로 차별을 받아서 고민을 얘기한다면 잘 들어줄 수 있다.
	소통	언어가 통하지 않는 우리반 친구에게 우리집에 놀러오라고 할 수 있다.
		언어가 통하지 않는 친구와도 짝꿍이 되고 싶다.
	협력	나는 다른 나라의 친구와도 즐겁게 협동하겠다.
		아무도 한 팀으로 받아 주지 않는 다른 나라 친구가 있으면 가장 먼저 한 팀이 되자고 말하겠다.
보편성 차원	반차별	다른 나라에서 온 친구와는 가까이 하고 싶지 않다.
		나는 친구들에게 다른 나라에서 온 친구를 소개할 수 있다.
	반편견	피부색이나 생김새가 다른 나라에서 온 친구와 함께 수영장이나 공중목욕탕에 들어가야 한다면 싫을 것 같다.
		다른 나라에서 온 친구들이 주변에 있는 것이 불편하다.
	세계 시민성	우리나라보다 어려운 나라의 사람들을 돕는 일에 앞장서야 한다.
		굶주림으로 고통받는 나라를 돕기 위한 모금 운동에 참여하겠다.
		다른 여러 나라의 문화를 받아들이는 것은 나에게 큰 도움이 된다.

---

2) 교육부 요청 경상남도교육청 지정 다문화학생 통합 성장을 위한 지역사회 연계 모델 구축 정책연구학교 운영보고서

『선량한 차별주의자』[3]에서는 인간이 모든 것을 범주화하는 경향이 있다고 말한다. 우리는 무리 짓기를 좋아한다. 특히 한국 사회의 기성세대들은 단일 민족국가라는 자부심 속에서 민족주의 교육, 단일민족 교육을 받아왔고, 의식하지 못한 채로 배타주의적 사고를 길러왔다. 이에 평생 자신과 비슷한 무리에서 소속감과 안정감을 찾고자 애쓰면서도 자신과 다른 타인을 배척하기도 한다. 알고 보면 개개인은 모두 다른 문화의 가정에서 태어나고 자라왔음에도.

2020년 타 시군에서 전입하여 이 학교에 근무하게 될 것이라는 소식을 들었다.

"지역에서 가장 힘든 학교로 가게 되셨네요."

먼저 전입 학교 소식을 접한 교감 선생님의 말씀을 들으며 그저 웃어넘겼다. 학교 상황을 전혀 인지하지 못한 채 근무하게 되었다. 아이들을 만난 후에서야 교감 선생님이 내게 하셨던 말씀을 실감했다.

"저 ○○학교 근무하고 있어요."

---

3) 김지혜, 『선량한 차별주의자』, 창비, 2019.7.17. 평범한 개개인이 선량한 차별주의자일 수 있다고 말하며 우리 일상에 숨겨진 혐오와 차별에 대해 이야기한다.

"그 학교 엄청 힘들잖아요. 다문화 학생들 많으면 힘드시 겠어요."

업무로 다른 학교 동료 교사들을 만날 때가 있다. 내 근무지를 말하면 대부분 비슷한 반응을 보인다. 사실 맞는 말이다.

현재 학교 근무 첫해는 교직 생애 '첫 경험'을 가장 많이 했던 해이다. 학생들을 대상으로 한 교육 활동으로 '다문화 교육'을 실시해 왔지만, 실제 삶 속에서 쌓인 경험은 전혀 없는 상태였다. 대부분의 다문화 교육서들은 교실 속 1~2명의 소수자인 다문화 학생을 대상으로 한 내용이라 우리 학교에는 적용하기 어려웠다. 교실 속 학습 수준 편차는 교사의 능력 범위를 넘어서는 것만 같았다. 학생들의 성취도를 어느 수준에 맞춰야 할지도 모호했다. 그렇다고 언어적 장벽이 있는 다문화 학생들과 깊이 있는 라포RAPPORT를 형성해 나가고 있는 것도 아닌 듯했다. 교사로서의 전문성에 회의감이 들었고 나 자신이 위축되었다. 많은 시행착오를 겪으며 파도에 돌이 깨지듯 깨어졌다. 내가 모르던 세상이었고, 그렇기에 늘 배우는 자세로 임했다. 교실에서 만난학생들을 통해 다문화와 다문화 가족의 범위, 다문화 교육에 대해 깊게 생각하게 되었다.

다문화 학생들이 과반수 인데다 외국인 학생의 비율 또한 매우 높은 학교다. 이러한 교육 현장이 국공립학교 중 어느 정도의 비율을 차지할까? 일반적인 이론 서적이나 교실 적용 사례 등을 살펴봐도 답을 찾을 수 없다. 한 교실 안에 이처럼 다양한 다문화 배경의 학생들과 함께 진행할 수업 모델도 없다. 문제 상황을 해결하는 실제적인 방법들이 제시되어 있지 못한 것이 현실이다.

낯설게 느껴졌던 학교의 풍경과 수업들에 익숙해지는 데에는 꽤 긴 시간이 필요했다. 반면 교실 속 아이들은 주어진 환경에 특별한 반감이나 낯섦이 없다. 다른 문화의 친구들과 어떤 방식으로든 소통하고 즐겁게 생활한다. 외국인들과 다문화 가정을 많이 접해본 경험 덕분일 것이다. 낯선 경험이 세상을 바라보는 시야를 확장한다. 학생뿐 아니라 교사의 다문화 감수성도 마찬가지다.

다문화 감수성 신장 프로젝트

2021학년 교육부 지정 다문화교육 연구학교를 운영하면서 학기마다 다문화 역량 신장을 위한 프로젝트 학습을 진행했다. 2021학년도 1학년 1학기 프로젝트 학습은 가장 기본적이면서도 중요한 〈다문화 감수성〉을 신장시키는 것에 초점을 맞추었다.

아이들이 사는 동네는 동남아시아, 아랍 계통의 외국인이 많이 거주하고 있다. 환경적 배경 덕분에 외국인을 낯설어하지 않는다. 히잡을 쓴 친구들이나 선배들을 봐도 신기해하거나 불편해하는 아이가 없다. 그 말인즉슨 이미 다문화 감수성 지수가 높은 수준이라는 것이다.

'다문화 감수성'은 외국인과 외국 문화에 대한 수용성만 말하는 것이 아니다. 세상에 태어난 우리는 사실 모두 다 다르다. 타고난 성격, 가정 문화, 좋아하는 음식, 취미 등 수

많은 요소로 형성된 고유한 문화가 개개인에게 존재한다. 프로젝트 학습을 통해 아이들에게 전하고 싶은 메시지는 '우리는 모두 다 다른 별'이다.

프로젝트 학습 초반에 '우린 다 다르구나'를 인식할 수 있도록 그림책 『다다다 다른 별 학교』[1]를 활용했다. 이 그림책의 배경은 교실이다. 새 학년을 맞은 교실 속 아이들은 친구들과 선생님께 자기가 사는 별을 소개한다. 생각대로 별, 눈물나 별, 두근두근 별 등 우리는 모두 다 다른 별에서 왔다는 이야기를 재미있게 풀어낸다. 책을 함께 보면서 그림책 속의 아이들이 각각 어떤 별에서 왔는지 맞춰보았다. 그 후 개성을 살린 자신만의 별을 만들어 보고 자신의 별을 친구들에게 소개하는 활동을 진행했다. 표현력이 부족하거나 자신감이 없는 친구들, 한국어가 서툰 외국인 친구들은 예시본을 따라 하거나 친구들의 별을 참고하도록 했다.

다음 수업은 〈나는 이래. 빙고!〉 활동으로 진행했다. 반 아이들의 특성과 환경적 요소들을 파악하여 빙고란 안에 문항을 넣었다. 자신이 해당하는 문항의 칸은 색을 칠하도록 했다. 한글 미해득인 친구들이 많아 아이들에게 문항 하나하나를 읽어 주며 이해를 도왔다. 색을 칠한 후 해당하는

---

1) 윤진현, 『다다다 다른 별 학교』, 천개의 바람, 2018.8.13.

문항에 손을 들어보게 하자 아이들이 신이 나서 즐겁게 이야기를 나누었다.

"우와! 너도 고구마 좋아해?"
"나 오늘 운동화 신고 왔는데!"
"우리 반에 머리 긴 친구 나랑 지혜야"

다음은 〈똑같은 친구 찾기〉 활동이다. 자신의 활동지와 친구의 활동지를 비교하며 모두 똑같은 곳에 칠한 친구를 찾으면 선물을 받는 활동이었다. 아이들은 자신과 똑같은 친구를 찾느라 동분서주했다. 고학년이었다면 벌써 교사가 활동을 시작하기도 전에

"선생님, 이거 다 다르게 만들어 놓은 거죠?"

라고 시시해 했을 테다. 찾다가 지친 아이들이 하나둘씩 나에게 다가왔다.

"선생님, 아무리 찾아도 똑같은 친구가 없어요."
"선생님, 저는 우즈베키스탄 사람이라서 같은 나라 친구 중에 찾아봤는데도 없어요."

아이들은 오랜 시간 동안 활동에 최선을 다했지만 자신과 똑같이 색칠한 친구를 찾지 못했다. 나는 수업 목표에 극적으로 도달했다는 기쁨에 속으로 쾌재를 외쳤다.

"나와 모두 똑같은 친구를 찾은 사람 손 들어볼까요?"

아이들은 누가 손을 드나 두리번거렸다. 물론 손을 든 친구는 아무도 없었다.

"아하~ 똑같은 친구는 없었군요. 우리 반 쌍둥이 지나, 지수도요."

우리 반 씩씩이 한진이가 손을 번쩍 들었다.

"선생님, 우린 다 달라요! 다다다 다른 별처럼요!"
"그러네요. 우리는 다 달라요! 외국인 친구들만 다른 것이 아니라 우리가 모두 다 다르네요."
"그러네. 어떤 친구는 나라는 달라도 다른 건 비슷해요. 전 중국인이고 지현이는 한국인인데 나라 빼곤 다 똑같아요!"
"저는요 쌍둥이 언니랑 생긴 건 비슷하지만 좋아하는 게 달라요. 난 태권도고요. 언니는 미술이에요."

1학년 아이들의 순수함이 함께 했기에 가능했던 다문화 감수성 프로젝트 수업이었다. 1학년 담임 교사는 극한 직업에 소개될 만큼 여러모로 힘들다. 하지만 교사가 수업을 통해 기대하는 것 그 이상을 깨닫는 아이들을 볼 수 있는 학년이기도 하다. 교육의 힘, 배움의 힘을 온몸으로 확인할 수 있기에 행복하다. 학교에서 하는 나라 사랑, 친구 사랑, 인권, 학교폭력 예방, 어버이날, 자연 재난 대비 등등의 교육을 온몸으로 흡수하는 1학년 아이들을 보면 교사로서 힘이 난다. 성큼성큼 성장하는 아이들을 볼 때 교사인 나도 최선을 다해 성장하고 싶다.

학부모 교육을 위해 필요한 것들

우리 학교의 외국인 학생들은 대부분 유년 시절을 자국에 계신 조부모님과 함께 지냈다. 부모가 한국에서 기반을 마련하면 자국에 있는 자녀를 데리고 한국에 들어왔다. 한국 사회로 이주한 것에는 많은 이유가 있을 수 있다. 그중 가장 큰 비중을 차지하는 것이 '돈을 벌기 위해서'다.

학교에 있다 보면 외국인 아이들과 부모님이 아이의 재학 증명서를 요청할 때가 있다. 출입국 사무소에 비자 연장을 하기 위함이다. 다만 비자 연장 이후에 영주권을 계획하는 외국인은 많지 않다.

많은 외국인 아이들은 한국에서 일하는 부모와 떨어져 지내야 했던 시절을 선명하게 기억한다. 카자흐스탄 국적의 한 학생은 자국에서 할머니와 지내면서 언젠가는 부모가 있는 한국에 가리라는 희망을 품고 살았다고 한다. 한글을 가르쳐 주는 센터에서 열심히 공부하며 부모님과 함께 살 날을 기다리는 아이의 마음은 어땠을까. 중국 국적의 한 학생은 중국에서 할머니와 함께 살면서 한국으로 돈 벌러 간 부모님을 손꼽아 기다렸다. 중국 보육 기관에서 커다란 마음의 생채기가 생겼고 7살이 되어서야 한국으로 왔다고 한다. 생계를 위해 이국땅에 머물기를 선택한 부모님과 원치 않은 분리의 시간을 견뎌야 했던 가족 구성원들. 그들은 태어나 줄곧 함께 살아온 가족들과는 또 다른 깊이의 끈끈함과 절실함을 품고 산다.

부모 중 한 명이 외국인인 가정에선 어머니가 외국인인 경우가 많았고 이혼 가정도 많았다. 우리 학교에서는 외국인인 어머니가 이혼 후 자녀를 양육하는 경우도 있었다. 외국인 어머니에게 한국인 아버지는 언어적, 문화적으로 한국 사회로의 가교 구실을 해 주는 것이 마땅하다. 하지만 예상치 못한 많은 문제에 직면한 후 외국인 어머니는 홀로서기를 시작하게 된다. 어머니는 아이들을 위해 어떻게든 가정 경제를 이끌어 가야 하기에 많은 시간 일터에 머무른다. 아이들은 밤늦은 시간까지 홀로 자신을 지키기도 한나.

시리아는 일부다처제로 여성은 히잡을 쓰고 다니며 종교행사 참여 이외에는 바깥 활동을 거의 하지 않는다. 시리아와 이라크 가성의 학부모 상담은 아버지와 이루어지는 경우가 많다. 어머니는 대부분 한국어 구사 능력이 현저히 떨어진다. 어머니가 외국인인 경우, 아버지는 일하느라 바빠서 통화가 어렵다. 어머니는 한국어가 서툴러 번역 시스템을 돌려서 소통할 수 있는 문자가 통화보다 더 편리하다. 깊이 있는 상담이 이루어지는 경우도 종종 있지만, 한국인 가정 보호자와 동등한 수준의 상담은 어렵다.

학생의 변화와 성장은 학생과 교사, 지역기관의 협력만으론 부족하다. 무엇보다도 학부모와 교사의 협업이 필요하다. 다만 학부모 참여 활동은 쉽지 않다. 심적, 경제적, 시간적인 여유가 나지 않기 때문이다. 다문화 가정뿐만 아니라 비 다문화 가정의 상황도 마찬가지다.

다문화 감수성 신장을 위해선 무엇보다도 자녀를 양육하는 학부모의 인식 개선이 절실하다. 특히 다양한 국적을 가진 아이들이 함께 생활하는 우리 학교는 더더욱 그렇다. 아이의 부모들이 서로의 이야기를 나눌 수 있다면 얼마나 좋을까? 학교나 지역기관이 만남과 교류의 장이 되는 것이다. 만남을 통한 경험은 각자의 선입견과 편견을 깰 수 있는 계기가 될 것이다. 끼리끼리의 문화가 아니라 각 나라의 문화나 가치관, 서로 간의 어려움, 문제 상황들을 이야기 나누는 공동체는 아이들에게도 좋은 본보기가 될 것이다.

아이들의 부모 세대는 다문화 교육을 받아본 적이 거의

없다. 자신의 다문화 감수성 지수조차 점검받을 기회가 없었던 세대다. 그건 교사인 나도 마찬가지다. 아이들은 다문화 사회로의 시대적 흐름 속에 자라고 있다. 양육자가 적극적인 자세로 배움에 임해야 한다. 또한, 의식과 관점의 변화, 고정 관념의 틀을 깨는 지속적인 노력의 장, 소통하는 장이 제공되어야 한다. 이를 위해서 다양한 매체와 교육 기관에서 학부모를 대상으로 다문화 교육을 의무적으로 실시할 수 있다.

학부모 교육이나 부모 참여 활동 관련 증빙서류가 있다면 근무 시간을 조정해 주거나 교육을 받는 시간만큼 유인책을 제공해주는 정책을 마련해도 좋겠다. 외국인 학부모들을 위해 언제 어디서든 동시통역을 지원해 줄 수 있는 상주 통역사나 원격 통역 지원시스템 구축이 필요하다. 이를 위해선 부모들이 일하는 현장의 고용주들, 정부, 지역단체의 변화와 노력도 수반되어야 할 것이다.

다문화 학생 과반수인 우리 학교는 늘 학부모 참여의 어려움을 겪는다. 새로운 방법을 모색하며 시행착오를 겪는다. 이 또한 더 나은 사회로 성장하기 위한 과정이리라.

가정통신문에 대하여

외국인 학생들이 많은 학교에는 한국어 학급이 있다. 해당 학생은 자신의 반에 소속되어 있으면서 일정 수업 시간을 한국어 학급으로 이동하여 한국어를 배운다. 일정 자격을 취득한 초등교사 또는 외국어에 능통한 외부 강사가 아이들 수준에 맞게 한국어를 가르친다. 예를 들어 모국어가 러시아어인 학생은 1학년 1반이지만 특정 수업 시간에는 한국어 학급으로 이동하여 한국어 수업을 듣는다. 하루에 2~3시간 가량 한국어 수업이 진행되므로 담임 교사는 시간표를 편성할 때도 주의를 기울인다. 한국어 학급에 참여하는 학생의 학습 결손이 생기지 않도록 한국어 수업 시간을 고려하여 교과수업을 적절히 배치한다. 일정 수준 이상의 의사소통이 가능해진 외국인 학생들은 시기별 테스트를 받고 환급 처리된다. 한국어 학급에서 공부할 수 있는 기간은 최대 2년이다.

외국인 학생이 학교생활에 적응하는 데에 가장 큰 영향을 미치는 것은 한국어 해득 수준이다. 비슷한 시기에 한국에 왔어도 부모의 한국어 해득 수준, 교육에 관한 관심, 배움에 대한 열정 정도에 따라 학생들의 한국어 해득 수준은 엄청나게 다르다. 학습에 대한 성취감이 있고 진취적인 성격을 가진 아이들은 한국어 습득 속도가 빠르다. 정확한 발음으로 글을 읽고 글씨체도 반듯하다. 한국인 아이마다 외국어 습득 속도가 다른 것과 같다.

한국어 능력은 학습뿐만 아니라 교우 관계에도 많은 영향을 끼친다. 한국어 능력이 좋으면 자신의 감정이나 생각을 언어로 충분히 표현할 수 있어서 친구들과 원만하게 상호작용한다. 모국어와 한국어를 잘 구사하는 외국인 학생들은 교실 안에서 교사를 대신해 통역사 역할을 맡기도 한다. 학업과 소통에 어려움을 겪는 외국인 친구들을 도와준다. 한국인 교사와 외국인 학생 사이의 가교 구실을 해 주니 나로선 고맙다.

다만 학교에서 쉽게 해결되지 않고 있는 어려움 중 하나는 '기정통신문'이다.

2020년 인천광역시 교육청이 발행한 실태분석 보고서에서 다문화 가정의 학부모 10명 가운데 7명은 한국어, 한국의 학교 체제 및 제도에 대한 학부모 교육이 필요하다는 요구 조사 결과를 보여주었다. 주목할 부분은 다문화 가정의 학부모들에게 학교 시설, 학교 환경, 교육과정 등 9개 영역에 대해서 학교 만족도 조사를 실시한 결과, '가정통신문'에 대한 만족도가 가장 낮은 것으로 드러났다. 학교와 학부모가 소통하는 최소한의 공식적인 창구인 가정통신문이 이해되지 않는다는 것은 즉각적인 개선과 지원 정책이 요구하는 대목이라 할 수 있다. 『교육자를 위한 다문화교육과 세계시민교육 방법론』 중

학년 초 배부되는 가정통신문은 가정의 협조가 필요하거나 가정에서 확인 후 학교로 다시 제출해야 하는 경우가 많다. 우리 학교는 아랍어, 러시아어, 우즈베키스탄어, 영어, 중국어, 캄보디아어 등 다양한 언어권 학생들로 구성되어 있다. 가정의 협조나 확인서가 필요한 경우가 있을 때마다 취합의 어려움을 겪는다. 교사들은 가정으로부터 돌아오지 않는 회신서를 받기 위해 독촉 문자를 보낸다. 전화, 면담을 통해 비언어적인 표현과 쉬운 어휘들을 골라 상황을 설명하느라 진땀을 뺀다. 열의가 있는 학부모님들 또한 곤란을 겪는다. 자신의 아이가 한국 학교에 제대로 적응하고 있는지 불안하다. 가정통신문이나 알림 내용을 잘 이해하지 못했을까 봐 보호자는 속이 탄다.

모국어와 한국어 이렇게 이중언어를 사용하는 외국인 학생들은 모국어를 듣고 말하기는 쉬우나 읽고 쓰는 것은 어려워하는 경우가 많다. 유아기 시절이나 초등 저학년 시절 입국하여 모국어로 된 글을 읽고 쓰는 데에 나름의 어려움을 겪는 것이다. 모국어를 적절히 구사해서 부모님께 학교 전달 사항을 잘 전하려고 노력한다고 해도 어려운 어휘에 막히고 만다.

아직 번역 지원시스템이 세부적으로 구축되어 있지 않아서 이 어려움을 교사나 학부모가 해결해야 한다. 1학년과 4학년에서 실시하는 학생 정서 행동 특성 검사를 제외하곤 공식적으로 제공되는 즉각적인 번역 지원시스템은 없다. <이중언어 말하기대회>나 특정 학생 상담에서는 이중언어 강사의 도움을 받는 예도 있으나 매일 반복되는 일과 가운데에서는 소통의 어려움에 부딪힐 때 번역기의 도움을 받는 수밖에 다른 방법이 없다. 교사들은 우리 학교 외국인 학생 사용 언어 중 가장 높은 비율인 러시아어 이해를 위해 꾸준히 교직원 러시아어 연수를 받고 있다. 하지만 수업 연구뿐만 아니라 과중한 업무로 바쁜 교사에게 외국어 역량까지 요구하는 것은 불합리한 것이 아닌가 생각한다.

'노력하고 부딪히다 보면 다 하게 되어 있다'라는 마음으로 생활한다. 다만 교사들은 학교 안에서 생각보다 많은 일을 처리하고 주어진 시간을 쪼개 써야 할 때가 많다. 교실 속 높게 세워진 언어 장벽을 넘기 위해 또 다른 에너지를 쓰기가 버거운 것이 현실이다. 이에 다문화 학생 비율이 높은 학교 교사들은 학생과 학부모가 느끼는 불편감에 온전히 귀 기울이지 못한다는 죄책감과 '교사가 지녀야 할 자질과 전문성'에 대해 고민한다. 본교의 모습이 곧 도래할 학교의 미래 즉 미래학교, 미래 교실의 모습이라면 교사가 고민하며 에너지를 소진하는 문제에 대한 대책이 마련되어야 할 것이다. 특히 번역 지원 도우미, 외국인 상담 전문 교사 시스템의 구축이 먼저 이루어지길 바란다.

왜 슬럼화라고 하나요?

우리 학교에 근무한 지 6개월 정도 되었을 때다. 오랜만에
같은 지역에서 근무했던 동료 교사를 만났다. 약속 시각에
조금 늦은 동료가 미안해하며 이야기를 시작했다.

"선생님 딸 영어 안 배워요? 지금 영어 시작해도 늦은 거래
요~ 오늘 영어회화센터에서 대기하다가 상담받았거든요.
지금부터 꾸준히 계속 사교육에 힘 좀 써야 외국인이나 영
어권 문화에도 어색해하지 않는대요. 발음도 원어민 수준
으로 유지 시키고요."

영어가 만국 공용어인 시대. 부모는 자녀를 위해 자신만
의 노력을 기울인다.
우리 학교에는 모국어가 영어인 외국인이 없다. 간혹 러

시아어를 사용하는 학부모가 기본적인 문장을 영어로 구사하여 의사를 표현하는 게 다다. 다국적 사회로의 도래 속에서도 우리 학교는 '외국인'이 많다는 이유로 한국인 학부모들 사이에서 비선호 학교, 비선호 학군이 되어 있다.

전입 후 지역 토박이인 지인들을 만나 이 학교에 근무하게 되었다는 말을 하면 하나같이 똑같은 말을 했다.

"○○초등학교랑 □□초등학교가 예전엔 이 지역에서 부자들이 가는 학교였지~ 그런데 요즘은 그 동네 완전 슬럼화되어서 괜찮은 형편의 한국인들은 다 이사 갔어."
"옛날엔 이 학교 학생 수가 어마어마했는데~ 이 지역에서 학생 수가 제일 많은 학교였지."

슬럼화는 '어떤 지역의 주거 환경이 나쁜 상태로 되었다'라는 뜻이다. 동남아시아 외국인 노동자들과 난민으로 인정받지 못한 외국인들이 많이 모여 살게 되면서부터 학교 주변의 주거 환경이 나빠졌다고 말하는 사람들이 많다.

이런 말들을 들을 때마다 씁쓸하다. 우리가 그들을 동등한 사회 구성원으로 존중하지 못하고 있다는 것을, 그저 그들을 '우리나라에 돈 벌러 온 후진국 외국인 노동자' 정도로만 생각한다는 것을 스스로 인정하는 꼴이다. 오랜 시간 국가, 사회, 지역, 학교에서 세계 시민으로서의 마음 그릇에 대해 알리고 있지만 사람들에게 내면화되고 체화되기는 쉽지 않다.

결혼 전까지 교회 찬양팀에서 피아노 반주를 했다. 청년부 시기에는 주일 저녁 베트남어 예배 시간에 피아노 반주를 맡은 적이 있다. 예배에 참석하는 외국인들은 대체로 돈을 벌기 위해 타국에 온 육체노동자들이었다. 나보다 젊은 22살 청년부터 30~40대에 이르기까지 연령대는 다양했다.
찬양을 인도하는 싱어는 20대 초반의 베트남인 친구 빠야였다. 빠야는 베트남에서 대학교도 다녔으며 경제적으로도 윤택한 군인 집안에서 자랐다. 빠야는 부모님의 반대를 무릅쓰고 몇 년간 육체노동자로 살아보고자 한국에 왔다. 잠시만 고생하면 큰 자금을 마련할 수 있기 때문이었다. 빠야는 한국에 머물면서 CCM[1] 가수라는 꿈이 생겼다. 내가 베트남어 예배 시간에 피아노 반주를 하던 해, 빠야는 특별 전형으로 기독교 대학교에 지원하게 되었다. 1차 통과 후 2차로 실기시험을 치를 때 빠야의 반주자 자격으로 함께 했다.

---

1) CCM : Contemporary Christian Music 대중음악의 형식을 취하면서도 내용 면에서는 기독교의 정신을 담아내는 모든 장르를 포괄하는 기독교 음악

"누나, 고마워요~"

나와 빠야는 매주 함께 찬양을 맞춰보며 개인적인 이야기도 나눴다. 빠야와 함께 실기시험 연습을 하면서 빠야의 비전에 대해 들으며 탄복했다. 베트남어 예배 시간을 함께하며 나도 모르게 쌓여있던 외국인 노동자에 대한 편견을 조금이나마 없앨 수 있었다. 지나고 보니 그때의 시간 덕분에 인지하지 못했던 내 속의 편견들과 마주할 수 있었다.

나는 여전히 내 안의 편견을 하나씩 부수며 상대방을 온전히 바라보는 법을 배운다. 다만 우리 학교에 근무하면서 '새로운 편견'을 만들고 있는 것은 아닌지 돌아보게 된다. 내가 만나는 아랍계, 동남아시아의 아이와 부모들의 모습이 그 나라의 전부는 아닐 것이기 때문이다.

외국인에게도 등급이 있을까? 어떤 사람은 외국인이 많아져서 그 마을을 떠난다. 어떤 사람은 외국인을 찾아가 돈을 주고서라도 그 언어를 배운다. 거주하는 '외국인'이 많아졌기 때문에 마을이 슬럼화되었다는 말을 곱씹어 본다. 그 말은 선진국과 후진국이라는 프레임 안에 그들을 가두어 바라본다는 표현과 같다. '보이지 않는 폭력' 같다.

<오징어 게임> 속 이주노동자

2021년 넷플릭스 드라마 '오징어 게임'으로 한국 드라마의 새로운 지평이 열렸다. 이 드라마에 등장했던 '무궁화 꽃이 피었습니다.'와 구슬 놀이, 줄다리기 등 한국의 전통 놀이가 유명세를 치렀다. 드라마를 본 적도 없는 어린이집 아이들도 '무궁화 꽃이 피었습니다'의 노래를 들으면 움직이는 사람들에게 무차별적으로 레이저를 쏘는 커다란 인형을 떠올렸다. 주말 공원에는 어른이나 아이 할 것 없이 달고나 차부근에 나란히 앉아 달고나 게임에 푹 빠졌다. 매체의 힘은 어마어마했다.

오징어 게임의 내용은 간단하다. '누가 최후의 승자가 될 것인가?'. 기구한 사연을 가진 참가자들이 주어진 플랫폼에서 추억의 게임을 한다. 게임에서 지면 무자비하게 죽는다. 기성세대의 추억을 소환하는 놀이와 '죽음'이라는 섬뜩한 자극제가 만났다. 등장인물들은 돈에 목숨을 걸어야 할 만큼 궁지에 몰려 있다. 죽을 힘을 다해 이겨야 한다. 게임 참가자들의 사연은 모두 사회적 문제를 다루고 있기에 많은 사람의 공감을 얻었다. 시청자들은 매회 누가 살고 누가 죽을지 점쳐 가며 감정을 이입했다.

이 드라마는 다양한 사회 문제들을 드러내면서 그 속에 소외된 인간 군상들을 조명한다. 돈보다 귀한 인간 존재가 돈을 위해 무참히 버려질 수 있다는 것을 암시하는 장면들은 다소 극단적이지만 현실적인 부분이 많아 마음이 서늘하다. 특히 북한 이탈 주민, 외국인 노동자에 대한 묘사와 처우는 '우리나라에 아직도?'라는 마음을 품게 할 만하다.

배우 아누팜 트리파티는 '코리안 드림'을 안고 한국에 왔지만, 공장에서 임금을 받지 못하고 사고까지 당하는 등 고통받는 파키스탄 이주노동자로 열연했다. 하지만 실제 아누팜 트리파티는 파키스탄인이 아닌 인도인이고 한국예술종합학교 출신의 엘리트 코스를 밟은 외국인이라는 사실이 나중에 알려졌다.

"한국에 수많은 파키스탄 노동자들이 있을 텐데 굳이 왜 엘리트 코스를 밟은 인도인을 캐스팅했을까?"

파키스탄인들은 이 사실에 뿔이 났다. 예술은 예술일 뿐이라고 생각해도 될 문제였지만 파키스탄과 인도는 현재 분쟁 중인 국가라는 대목에서 이해가 되었다. 그보다 나에겐 한국 사회에 이주하여 사는 외국인에 대한 가장 보편적인 지위가 '노동자'로 표현된 것이 아쉬웠다. 외국인 노동자의 삶은 실제로 이럴 수밖에 없는 것일까? 일한 만큼의 임금을 받지 못하고, 불법 체류라는 이유로 노예처럼 부려 먹힐 뿐일까? 매체를 통해 소개되는 대다수의 동남아시아 외국인은 천대받고 불쌍한 인물로 묘사되어 회의감이 든다. 실제로 우리 학교에는 이주노동자 가정도 많지만, 한국에서 사업체를 운영하시거나 통역사로 활동하시는 외국인 부모들도 있다.

'만약 아이들이 이 방송을 본다면, 이 영화를 본다면, 이 드라마를 본다면 어떤 마음으로 보고 있을까.'

이주노동자들에 대한 이야기가 방송에 나올 때마다 교실 속 아이들이 방송을 보면서 느낄 열패감과 무력감을 생각해본다. '외국인 노동자'라는 이름으로 한국에 거주하고 있는 부모와 그 부모의 삶을 지켜보는 아이들. 맑고 밝은 이 아이들 또한 이러한 혐오와 편견을 겪으며 하루하루를 살아가고 있지는 않을까? 자꾸만 마음이 쓰인다.

물론 매체를 통해 사회 문제를 부각시키고자 하는 창작자의 의도가 있을 것이다. 많이 변했지만, 더 많이 개선되어야 하는 부분이니 많은 사람에게 알리는 것은 좋은 일이다. 하지만 외국인, 특히 이주 동남아 외국인들에 대한 묘사는 늘 이런 식이어야 할까에 대해서는 물음표가 달린다. 주류라고 하는 자국민들도 각자 다양한 모습으로 살아간다. 소수자인 이주 외국인들의 삶 또한 다양하게 그려졌으면 한다. 자신이 선택한 삶에 대해 그들은 나름의 책임을 지고자 고군분투한다. '나름의 책임'에는 사회의 따가운 시선과 차별도 포함되는 것인가? 그렇지 않다. 소수자를 존중하지 않는 사회는 겉만 번지르르한 독 사과 같다. 보이는 대로 믿어버리는 아이들의 순수함이 다치지 않았으면 좋겠다. 당연한 견뎌냄이 되지 않았으면 좋겠다.

'한국인 대 외국인' 식 삶의 대비만을 보여주는 창작물들이 부끄러운 옛이야기가 되고, 다양한 형태로 살아가는 외국인들의 모습이 우리 사회 안에서 자연스럽게 받아들여지는 날을 기대한다. 인간으로서 동등한 삶을 영위하고 서로를 존중하며 살아가는 것이 너무나도 당연한 그런 날이 곧 올 거라고.

러시아어를 배웁니다.

"이 나이에 새로운 외국어를 배우려니 진짜 힘드네요."
"업무도 많은데 연수까지 들어야 하니 정신이 없어요."

2020학년도, 교직원 대상 러시아어 연수가 시작되었다. 소규모 학교라 업무가 과중하고 학급경영과 수업 연구에도 바쁜 교사들이 제2외국어까지 배워야 한다니. 그것도 전혀 관심 없던 러시아어를!

매해 진행 중인 교직원 러시아어 연수의 목표는 학생들과의 소통이다. 우리 학교에는 모국어가 러시아어인 외국인 학생들이 많다. 이 연수는 교사, 학생 간 의사소통의 문세를 조금이나마 해소하기 위해 교사들의 자기 계발도 필요하다고 판단한 결과다.

아무 생각 없이 들었던 러시아어 연수 첫날을 잊을 수 없다. 낯선 행성에 떨어져 외계어를 듣는 듯했다. 영어와 비슷하면서도 다른 발음 체계에 혼란스러웠다. 바쁜 일과 가운데 '큰 관심 없던 언어까지 배워야 하나?' 불만이 올라왔다. 나이 들어 강압적으로 언어를 학습해야 하는 상황도 싫었다.

3년간 외국어 연수가 이어지면서 조금씩 귀가 뜨였다. 다만 예습, 복습할 시간이 나지 않아 기본 알파벳의 소리와 어휘, 인사법 등만 알고 표현하는 정도다. 하지만 그 효과는 탁월하다. 모국어가 러시아어인 외국인 아이들에게는 교사의 러시아어 한마디가 놀랍고 귀하다.

"러시아어를 배우다 보니까 새로운 언어를 배우는 일이 얼마나 어려운 일인지 다시 한번 느끼게 되네요. 외국인 친구들이 느낄 답답함도 이해가 되고요. 한국 땅에 와서 짧은 시간 이 정도 한국어 구사를 해내는 게 참 대단하고 대견하게 느껴지네요."

교직원 러시아어 연수를 3년간 들으면서도 늘 초급 단계에 머무는 동료 교사들과 나눈 말이다. 새로운 언어를 배울수록 겸손해진다. 눈에 띄게 느는 외국인 아이들의 한국어 소통 능력에 놀란다. '쟤는 한국어 학급에서 환급됐는데 한국어 해득 수준이 저것밖에 안 되냐?'라고 평가하던 마음이 쏙 들어간다. 나이 들어 새로운 언어를, 자의 아닌 타의로 배우게 되면서 언어보다 더 큰 깨달음을 얻었다. '한국 사회에서 적응해가며 적당한 한국어를 구사'하는 다문화 아이들을 바라보는 시선이다.

새로운 언어를 배운다는 것은 새로운 세계를 경험하는 일이다. 내 시간과 에너지를 들여 낯선 세계에 발을 들이겠다는 단단한 각오가 필요하다. 넘어져도 다시 일어나는 끈기 없이는 당도할 수 없는 세계다.

JTBC 뉴스룸에서 「다문화 학생 '절반 넘는' 학교…. '가장 힘든 건 학업·한국어',[1]라는 뉴스가 보도되었다. 인구 절벽시대의 도래로 이민자와 이주노동자 유입이 인구 절벽 문제의 대안 중 하나가 되었고 매해 급격히 외국인의 수가 증가하고 있다. 하지만 곧 도래할 다문화 사회에서 이민자 2세의 아이들이 겪는 장벽이 높다. 설문조사 결과, 그중 가장 높은 장벽은 '학업과 언어'라고 한다. 우리 학교의 외국인 학생 중 한국에서 태어나 줄곧 살아온 외국인 학생은 전혀 없다. 학령기 이전이나 저학년까지 본국에 머물다가 넘어온 경우가 많다. 우리 학급에서 러시아어를 사용하는 학

---

1) 「다문화 학생 '절반 넘는' 학교…. '가장 힘든 건 학업·한국어'」, 『JTBC』, 2022.7.28.

생 중 4명의 외국인 학생은 모두 8살 때 입학했다. 한국어 학급에서 최대 2년간 한국어 공부를 하고 환급했지만, 한국어 구사 능력은 천차만별이다. 부모의 한국어 구사 능력 정도와 학습 성취 욕구 정도에 따라 한국 학교 재학 기간이 같더라도 다른 성장 곡선을 보인다.

외국인 학생들은 한국어 학급에서의 한국어 교육뿐만 아니라 여름 캠프 및 다양한 체험 활동 참여, 마을 협력 찾아가는 한국어 교실 등 많은 교육적 지원을 받고 있다. 그렇기에 학생들을 지원하는 쪽에서는 외국인 학생들이 단기간 성과를 보여주길 기대하는 마음이 없지 않다. 다만 생각한다. 내가 이러한 환경에 노출된 외국인 학생이라면? 삶을 위한 외국어 습득이라지만 학습 능력이나 언어에 대한 흥미가 낮은 경우라면? 조금은 느긋한 시선으로 아이들의 특성과 상황을 바라볼 수 있으면 좋겠다.

코로나로 학습 격차가 더 커졌다. 같은 한국인들도 그러한데 외국인들이라고 다를까? 외국인 학생들은 한국어 관련 평가 후 한국어 학급에서 최장 2년간의 과정을 마치고 각 반으로 환급된다. 한국어 학급 '최대 2년'이라는 기한을 둘 수밖에 없는 이유 중 하나는 '급격히 늘어나는 외국인 학생의 취학' 때문이다. 우리 학교에는 한국어 학급이 2학급 있지만 이미 과밀이다. 중간중간 취학하는 학생들과 기존

학생들의 시간표 및 수업을 조정하기도 어렵다. 이런 사정으로 환급된 외국인 아이 중에서도 여전히 한국어에 어려움을 겪는 친구들이 많다. 모든 수업을 일반 학급에서 머물며 국어 및 주지 교과 수업을 듣다 보니 수업 이해 및 참여가 어렵다. 그 결과 무기력감에 빠지기도 하는 아이들을 보면 안타깝다. 학생들의 학습 격차를 줄이기 위해 통역을 지원하는 양질의 전담 인력과 세밀한 교육 지원이 필요하다고 생각한다. 한국어 해득 능력을 평가할 수 있는 단계별 진단 척도와 추후 활동자료들이 세부적으로 마련되어 환급 이후에도 체계적인 한국어 교육을 지원하는 시스템이 마련되길 바란다.

안타까운 것은 위와 같은 기사에 대한 시청자들의 반응이다.

'절실한 쪽이 우물 파야지. 우리나라에서 이렇게 다양한 지원을 해 주면서 아이들 한국어 교육에 애쓰고 있는데. 노력 정도는 해야지.'

'우리가 맞춰줘야 할 문제가 아니라 저들이 우리의 문화와 언어에 맞춰야 하는 건데 기사의 논지가 이상한 듯. 로마에 왔으면 로마의 법을 따라야 한다.'

'우리나라 사람 중국 가면 한국말 배워서 응대해 줌? 우리

나라 시장에서 장사하면서도 한국말 안 배우는데 굳이 우
리나라 사람이 중국어 배워서 중국말로 가르쳐 줘야 됨?'
'우리는 미국 가면 한국어로 수업 듣나?'

무조건 거주지 문화에 적응해야 한다는 동화주의적 관점
을 벗어나지 못하는 이야기들이며, 하향 평준화를 권하는
일부의 왜소한 마음 그릇이 그대로 드러나는 대목이다. 나
또한 비슷한 생각을 하던 시기가 있었다. 학교 규칙을 제대
로 지키지 못하고 수업 방해를 일삼는 소수의 외국인 아이
들이 모든 외국인 아이들의 대표적인 모습인 양 생각했다.
'한국에 와서 한국 학교에 다니고 싶으면 죽을 힘을 다해서
그 나라 언어를 배우고 그 나라 학교 규칙을 따라야 하는 거
아닌가? 한국 문화에 적응하기 힘들다고 말하면 결국 한국
인 학생들이 피해를 본다.'라는 생각이 지배적이었다. '이런
외국인 학생들' 때문에 교사의 할 일이 많아지고 교실 속 아
이들이 힘들어진다는 피해의식에 젖기도 했다. 과거의 나
는 얼마나 편협한 마음으로, 얼마나 기울어진 시선으로 그
아이들을 바라보았던가.
　여전히 마음이 기우는 날이 있다. 그때마다 '내가 저 아이
라면', '내가 저 상황이라면' 처지를 바꿔 생각한다.

2022학년도 학기 초, 모범생 정우가 나에게 와서 친구가 자꾸 욕을 한다고 했다.

"선생님, 외국인이 자꾸 씨발씨발 욕을 하는 것 같아요."

입학 때부터 외국인 친구들과 함께했던 정우다. "쓰바시바"라는 러시아 말은 "고맙다"라는 뜻인데 정우는 간단한 러시아어조차 몰랐다. 그래서 '쓰바시바'를 욕하는 것으로 오해했다. 그 나라의 언어를 모르면 충분히 생길 수 있는 오해라고 생각한다. 다문화교육 연구학교를 운영하며 월별 다문화 교육을 진행하는데도 행사 자체가 단기적이기에 외국인 친구의 언어를 이해하지 못하여 생긴 웃지 못할 일이다.

"정우야, 정우는 그렇게 들었구나. 아마 '쓰바씨바'라는 말일 거야. 그 말은 러시아어로 '고마워'라는 뜻이야."

내 설명에 정우가 멋쩍게 웃었다.

"아, 그렇구나. 그런데 선생님, 외국인들이요. 자기네들끼리 모이면 러시아어로 욕 엄청 많이 쓴대요. 솔라가 말해

췄어요. 예전에 방과 후 선생님 러시아말 못한다고 선생님 앞에서 러시아어로 욕했다가 엄청 혼난 적도 있대요."

이번에는 내가 멋쩍었다. 몰랐던 사실이다. 학생이 교사 앞에서 욕설해도 인지하지 못하는 상황이라니, 개그 코너에서나 나올법한 상황 아닌가. 그런 행동은 옳지 않다고 시간을 내어 아이들에게 당부했다. 아이들에게 '선생님이 러시아어 공부하고 있다'라고 힘주어 말했다.

"선생님, 러시아어 공부해요?"

우즈베키스탄인 개구쟁이 이반이 확인해 보고 싶은지 나에게 퀴즈를 냈다.

"선생님, 이건요?"

뜻은 기억나지 않았지만, 표기대로 맞춰 읽었다. 이반은 놀란 토끼 눈이 되며 박수를 쳤다. 신이 나서 러시아어를 사용하는 친구들을 불러 모았다. 그게 뭐라고 나는 어깨에 힘이 들어가고 의기양양해졌다. 그러다가 문득 가슴이 뭉클했다. 한국어만 사용하는 선생님의 이 작은 노력에 아이들이 손뼉을 칠 정도로 기뻐하는 모습 때문이다. 나는 교실 속 17명 중 일부의 외국인 학생들을 의도치 않게 소외시키고 있었던 것은 아닐까? 모든 학생을 평등하게 바라보고 사랑해 준다고, 최선을 다해 노력한다고 자위하면서 나 자신도 몰랐던 불평등을 알아채자 얼굴이 화끈거렸다.

나를 깨고 나올 순간들이 참 많다.

삶은 이어지잖니.

채널 A의 〈금쪽같은 내 새끼〉는 육아 전문가가 문제 행동을 보이는 아이를 위한 육아법을 알려주는 프로그램이다. 외국인 가정 특집으로 구성된 57회차 방송에서는 다문화 가족의 양육자와 자녀가 겪는 어려움을 다루었다. 방송에 출연한 캐나다 어머니는 아이들과 깊은 대화를 나누고 싶지만 서툰 한국어 때문에 그러지 못한다. 어머니가 영어로 말을 하면 대답하지 않는 아이들 때문에 자신이 무시당하는 기분이라고 말한다. 매일 고군분투하지만 자녀와의 소통이 어렵기만 하다. 이 프로그램에서는 외국인 부모가 한국에서 자녀를 양육하며 겪는 어려움 중 1위가 '소통'이라고 밝혔다. 한국어가 서툰 양육자와 양육자의 모국어를 이해하지 못하는 아이들 사이에서 깊은 대화와 훈육을 이어가기엔 어려움이 많다는 것이다.

2021년도의 일이다.

"나 중국인 아니라고!"

씩씩함으로 둘째가라면 서운한 한진이의 눈에 그렁그렁 눈물이 고였다. 담우가 별생각 없이 던진 말 때문이다.

"너희 엄마 한국말 잘 못 하잖아."

담우는 한진이가 중국인이라고 생각했다. 그 이유는 한진이의 특이한 성 씨와 한진이 어머니의 언어 때문이다. 한진이 아버지는 한국인이지만 중국에서 오래 거주한 영향으로 한국어 억양이 독특하다. 어머니는 중국인이고 한국어가 서툴다. 다만 한진이는 한국에서 태어나 자랐고 중국어를 할 줄 몰랐다. 한진이는 입학 전에도 중국인 아니냐는 오해를 많이 받았던 터다. 외국인 학생의 경우 업무 처리 및 아이들 정보를 확인할 수 있는 나이스 상 이름이 영어로 표기된다. 우리 학교의 경우 학급 번호는 가, 나, 다 순이며 그다음 외국인 학생들이 알파벳 순으로 지정된다. 한진이는 학급 번호가 2번으로 분명 한국인이 맞다. 하지만 이런 사항을 모르는 아이들은 한진이를 중국인으로 오해할 만했다.

"아니야. 한진이 한국인 맞아."

　우리 반 중국인 화란이 한진이 편을 들었다. 중국인 화란이와 한진이는 늘 함께 등교했다. 어머님 두 분이 친한 사이인 듯했다. 어머니와 전화 상담을 할 때도 조선족 특유의 말투를 느낄 수 있었다. 중국어를 잘 모르는 한진은 어머니와 깊은 대화를 나누지 못했고 아버지와 많은 대화를 나누고 있었다.

　2022학년도, 중국인 유화를 만났다. 중국인인 유화는 국적상 외국인 친구 중에서도 소수자로 학년에서 유일한 중국인이었다. 한국은 이주노동자로 유입되는 외국인 중 중국인 비율이 높다고 한다. 하지만 우리 학교에는 우즈베키스탄, 카자흐스탄, 러시아 국적의 외국인들이 더 많다. 유화는 종종 외국인 친구들 사이에서 위축된 모습을 보였다.

　유화의 아버지는 한족, 어머니는 조선족으로 유화는 아버지와의 관계를 어려워했다. 침대를 만들어 배송하는 일을 하시느라 일주일에 한 번 집에 오셔서 가족과 함께 있는 시간이 적었다. 아버지는 한국어를 전혀 모르셨다. 유화의 부모님은 중국어로 대화하여 소통에 어려움이 없었다. 다만 유화는 부모님의 대화를 아주 조금 이해할 수 있었고 아버지와의 대화는 손꼽힐 만큼 적었다.

"유화야, 중국어 더 배우고 싶은 마음은 없어?"

유화가 원한다면 학교나 지역 연계 기관의 지원이 가능하다고 생각했다.

"왜요?"

한국인처럼 살고 싶은 유화의 표정이 굳었다.

"선생님, 엄마는 맨날 한국이 중국이랑 문화가 다를 수 있
으니까 좀 참으라고 해요."
"저 중국에 있을 때 유치원에서 숙제가 엄청 많았고요. 선
생님도 너무 무서워서 다시는 중국 가기 싫어요."

유화는 종종 유년 시절의 기억을 떠올리며 모국에 대한
거부감을 강하게 표현하기도 했던 터다.
또 다른 친구, 진화는 어머니가 네팔인인 다문화 학생이
다. 진화는 한글 맞춤법이며 학업적인 부분에서 매우 우수
한 학생으로 친구를 배려하는 마음도 곱다.

"진화는 글씨체가 참 반듯해."

"선생님, 그게요. 엄마가 글씨 이상하게 쓰면 '너는 왜 한국
사람인데 한글을 제대로 못 써!' 하고 말해요."
"네팔어는 할 수 있어?"
"조금 할 수 있어요. 그런데 웬만하면 한국어로 해요. 제가
잘 못 하니까. 네팔어 어려워요."

　웃으며 말하는 진화의 말을 통해 국적이 다른 모녀의 하
루하루가 그려졌다. 언어는 마음을 담는 그릇이다. 서로의
내면을 깊이 이해할 수 있는 도구다. 그런 의미에서 외국인
부모와 2세들 간에도 언어는 중요한 자리를 차지할 것이다.
한진이와 유화, 진화는 자신과 부모 사이에 놓인 '언어'라는
장벽 때문에 소통의 어려움을 겪고 있었다.
　방송에 출연한 캐나다 어머니의 힘겨운 하루하루를 떠올
려 본다. 어머니는 모국의 문화와 정든 집을 뒤로한 채 새
로운 삶의 터전을 선택했고, 그것에 대한 후회는 없다. 다
만 어머니는 가족 구성원과 깊은 소통을 할 수 없다는 슬픔
에 하루하루 지쳐간다. 모국에 있는 친정어머니는 언어도
잘 통하지 않는 한국에서 아이들을 키우며 가슴앓이하는
캐나다인 딸을 토닥였다.

"행복하게 지냈으면 좋겠어. 삶을 즐기면서…. 삶은 이어
  지잖니."

　이국 땅에서 자녀를 양육하는 딸은 친정어머니의 말에 애
써 웃어 보인다. 어머니가 느끼는 고단함과 괴로움은 언제
쯤 나아질 수 있을까.
　이처럼 다문화 가족 구성원은 서로 간 깊이 교감할 수 있
는 공통의 언어가 부재하다. 부모 나라나 모국을 바라보는
시선 또한 다른 경우가 많다. 그럼에도 불구하고 삶은 이어
진다. 느린 걸음일지라도 조금씩 나아가고 있다는 희망을
품는다. 희망이 있는 곳에 밝은 미래도 있기에.

존중과 존경의 미래교실을 꿈꾸며

몇 해 전, 교사로서의 자존감이 바닥을 쳤다. '나는 왜 교사가 되었는가?' 오래도록 자문했다. 전문적인 지식을 더 많이 쌓으면, 자기 역량을 강화하는 전문적 학습 공동체 모임에 많이 참여하면 무너진 자존감을 회복할 수 있을까? 가장 힘든 시기, 가장 많은 활동에 참여하며 새벽마다 글을 썼다. 살기 위해 고군분투했다. 밀알샘의 〈자기경영노트〉 모임을 알게 되어 함께 활동했다. 경남 전문적학습공동체 〈오후의 발견〉에 참여했다. 소명 의식을 가지고 건강하게 살아가고자 노력하는 선생님들을 보며 무너졌던 마음을 다시 세울 수 있었다.

교사로서의 자긍심과 보람을 찾고 아이들이 나에게 주는 희망을 마음에 새기고 싶어서 교단 일기를 썼다. 다양한 국적, 다양한 문화의 교실 속 구성원들과 교감하며 내가 알지 못했던 낯선 세계와 마주했다. 새로운 경험과 시행착오들이 넘쳐났다. 그렇기에 하루하루의 기록은 더욱더 소중했다. 우리 학교의 다문화 학생 비율이 매해 급격히 높아지는 것을 확인하면서 '곧 도래할 미래학교의 모습이 이렇지는 않을까?'하는 생각에 미쳤다. 교사로서 교실에서 내가 겪고 있는 일상들, 다문화교육 연구학교가 추진하는 일련의 과제들을 부분적으로나마 기록하는 일은 충분히 가치 있었다. 교육에 관심을 기울이는 많은 분이 참고하고 위로받았으면 좋겠다는 마음으로 한 편 한 편 적어나갔다. 3년간의 기록들이 모여 책의 형식을 갖추게 되니 감개무량하다.

편집부와 퇴고 과정을 밟던 중, 서이초 교사 사건이 터졌다. 터질 게 터졌구나 싶었다. 교사들이 참았던 울분을 토해냈다. 교사라면 한 번쯤은 겪어본 일, 겪지 않았다면 언젠간 겪게 될 일이었기 때문이다. 교실이 무너지고 있다. 현실을 마주하는 교사의 마음은 참담하다. 퇴고를 하면서 부끄러웠다. 나만 대단한 교사처럼 포장되는 것 같아서다. 교육 현장에 계시는 모든 교사가 아이들의 의미 있는 성장을 위해 열정을 쏟는다. 교사의 권위가 사라진 시대, 그럼에도 불구하고 아이들을 사랑하고 가르치는 일에 최선을 나하는 농료 교사들의 이야기를 대변하고 싶다. 근사하고 쓸만한 이야기만 담아낸 것 같다. 책에는 담지 못한 이야기들이 많다는 걸 이해해주시리라 생각한다. 이 책이 힘든 마음 가운데 있는 동료 교사들에게 작은 위로라도 되었으면 좋겠다. 교사가 되길 주저하거나 교사가 되길 꿈꾸는 많은 예비교사의 마음에 작은 꽃이라도 피울 수 있으면 좋겠다. 나아가 조심스럽게 꺼내놓는 내 이야기가 편견 없는 존중과 존경의 미래 교실을 열어가는 데 조금이나마 도움이 되기를 바란다.

하나님께 영광을 돌린다. 나의 글이 한 권의 책으로 나오기까지 많은 분의 응원과 지지가 있었다. 부족한 글에 정성을 쏟아주신 에듀니티 김병주 대표님과 한민호 선생님께 감사드린다. 힘들 땐 늘 기댈 곳이 되어주시는 부모님과 시부모님, 하나님의 가정을 함께 세워가는 소중한 남편, 사랑하고 또 사랑하는 지윤과 무진, 귀감이 되어주신 〈자기경영노트〉, 〈오후의 발견〉 선생님들, 동료 교사들, 친구들, 글벗들, 무엇보다도 조금 더 나은 교사가 되고 싶도록 무한한 사랑 주는 교실 속 아이들에게 감사하다. 마지막으로 힘든 상황 가운데에서도 묵묵히 아이들의 성장을 위해 애쓰고 계신 모든 선생님께 감사와 응원의 마음을 전하고 싶다.

선생님들, 힘내세요. 존경합니다.

다함께 꽃피는 미래학교입니다

다문화 시대, 공존의 교실

다 함께 꽃피는 미래학교입니다

초판 1쇄 발행 2023년 12월 20일

지은이 이승희

발행인 김병주
편집위원회 한민호 김춘성 **디자인** 정진주 **마케팅** 진영숙
행복한연수원 이종균 **에듀니티교육연구소** 이문주 백헌탁

펴낸 곳 (주)에듀니티
도서문의 1644-5798
일원화 구입처 031-407-6368 (주)태양서적
등록 2009년 1월 6일 제300-2011-51호
주소 서울특별시 중구 남대문로 117, 동아빌딩 11층
출판 이메일 book@eduniety.net
홈페이지 www.eduniety.net
페이스북 www.facebook.com/eduniety
인스타그램 www.instagram.com/eduniety/
　　　　　www.instagram.com/eduniety_books/
포스트 post.naver.com/eduniety

문의하기

투고안내

ISBN 979-11-6425-159-9

값은 뒤표지에 있습니다.